'가장 즐겁게 사는 사람'이 되는 방법을 알려주는 보물 지도!
서핑에 입문한 순간부터 마술 같은 삶의 변화가 시작됐다.

대한민국 초보 서퍼의
두근두근 서핑 입문기

서핑에 빠지다
개정판

지은이 이규현
펴낸이 정규도
펴낸곳 황금시간

초판 발행 2012년 7월 20일
개정판 1쇄 발행 2017년 4월 20일

편집 권명희 정규찬 김성중 김지하
디자인 김나경, 올디자인
일러스트 이두나

황금시간 Golden Time

주소 경기도 파주시 문발로 211
전화 (02)736-2031(내선 361~362)
팩스 (02)732-2036

출판등록 제406-2007-00002호
공급처 (주)다락원
구입문의 전화: (02)736-2031(내선 250~252)
          팩스: (02)732-2037

Copyright ⓒ 2017, 이규현

저자 및 출판사의 허락 없이 이 책의 일부 또는 전부를 무단 복제·전재·발췌할 수 없습니다.
구입 후 철회는 회사 내규에 부합하는 경우에 가능하므로 구입처에 문의하시기 바랍니다.
분실·파손 등에 따른 소비자 피해에 대해서는 공정거래위원회에서
고시한 소비자 분쟁 해결 기준에 따라 보상 가능합니다.
잘못된 책은 바꿔 드립니다.

값 13,800원
ISBN 979-11-87100-39-3 13690

http://www.darakwon.co.kr
• 다락원 홈페이지를 통해 주문하시면 자세한 정보와 함께 다양한 혜택을 받으실 수 있습니다.
• 기타 문의사항은 황금시간 편집부로 연락 주십시오.

대한민국 초보 서퍼의
두근두근 서핑 입문기

서핑에 빠지다

이규현 지음

개정판

황금시간
Golden Time

차례

PART 1
두근두근 서핑 입문

한국에서 서핑을? [14]
어둠 속 검은 생명체

프롤로그 [8]
서핑, 가장 즐겁게 사는 비법

바다 그리고 입수 [17]
내 인생의 첫 서핑

짠맛 쓴맛 [24]
서핑 둘째 날

개정판을 내며 [10]
사람이 꽃보다 아름다워

파도가 아른아른 [30]
그곳에 두고 온 마음 한 조각

패들! 패들! 패들! [34]
한 팔 한 팔 정성껏

라인업에 가고 싶다 38
파도와 파도 사이를 노리는 거야

고향이 어디세요? 44
저 좀 놀았어요

지피지기 백전덜(?)태 49
파도는 늘 새롭고 매번 다르다

웨트수트를 입다 57
사계절 서핑을 불러온 '혁명'
☆ 이런 옷 입어요~

오프쇼어에 더블 오버헤드? 62
서퍼들에겐 특유의 언어가 있다

롱보드 vs. 쇼트보드 68
서프보드, 누구냐 넌!

노 젓는 아저씨 75
바다는 행복한 놀이터
☆ 서핑의 종류

세탁기를 경험하다 82
부·상·주·의

'이놈 아저씨' 불러야겠네 89
몸과 마음으로 지켜야 할 약속

해변의 간식 97
홍합 따서 라면에 좀 넣어줘요~
☆ 서핑 때 이런 간식 어때요?

상어 < 해파리 < 환경오염 102
바다가 많이 아프다
☆ 푸른 지구를 위한 작은 실천

PART 2
좌충우돌 열혈 서핑

실력을 겨뤄보자, 정을 나눠보자 113
잔칫날 같은 서핑대회, 관건은 파도
☆ 세계대회 들여다보기

주말 서퍼의 비애 122
나트륨 부족 증상을 겪다
☆ 볼만한 서핑 영화 속으로~

서핑 버디 '고프로' 131
내 서핑 장면은 내가 촬영한다

파도 없는 바다 138
바다의 시간은 잘도 간다

남부 캘리포니아 해변 146
미국 서핑 문화의 중심지

샌오노프리 156
초보자와 롱보더들의 천국

셰이퍼, 장인이라 불리는 사람들 165
서퍼들의 행복을 만들어내는 손길

섹스 왁스 171
어디에 쓰는 물건인고?
☆ 서프숍의 액세서리들

나의 첫 서프보드 179
나만의 보드 그리고 해변의 친구들

캘리포니아 서프 박물관 189
옛 서퍼들의 숨소리를 듣다
☆ 서핑의 역사

딩 수리 199
간단한 수리는 내 힘으로

겨울 서핑 205
숨겨진 보물 같은 파도가 들어온다

PART 3
엔도르핀 업! 서핑 라이프

서퍼들의 라이프스타일 216
서핑이 삶을 바꿔 놓을 거예요
☆ 서프 아티스트의 세계 엿보기

뭐든 어릴 때 233
두터운 서핑 문화와 유소년 서퍼들

서핑으로 살 빼기 있기? 없기? 241
몸매 가꾸기에 좋은 스포츠

추억 포착 247
스토리가 있는 사진 찍기
☆ 서핑 전문 사진작가의 세계 엿보기

'멘붕' 탈출 258
지금 필요한 건 뭐?

서핑 스팟, 어디까지 가봤니? 265
파도가 부서지는 곳이면 어디든!

도저~언! 272
성취를 위한 조건, 큰 꿈과 용기

내 인생의 레전드 279
여성 서퍼 린다 벤슨 그리고…

에필로그 286
서핑과 꼭 닮은 인생 그리고 지혜

부록 292
서핑 준비물
국내외 주요 서핑스쿨 및 동호회
국내외 주요 서핑 잡지
국내외 주요 서프 박물관
파도 정보 보기

가나다 순으로 찾아보기 296
ABC 순으로 찾아보기 300

프롤로그

서핑, 가장 즐겁게 사는 비법

꽤 오랜 기간, 특별히 잘하는 게 없어 고민했다. 학업 성적도 조금 아쉬웠고, 미술, 피아노, 서예, 스노보드, 승마 등 여러 가지를 꾸준히 배워봤지만 실력은 그저 그랬다. 겉으로는 그럭저럭 잘 살고 있는 것처럼 보일지 몰라도 마음 한구석에는 이런 불만족이 오랜 세월 무겁게, 아주 무겁게 자리하고 있었다.

늘 같은 고민 안에서 뱅글뱅글 돌며 벗어나지 못하는 내가 미련해 보였다. 잘하지 못하는 것에 집착하며 스스로를 괴롭히기만 하는 것은 정말 비생산적이다. 이런 마음의 습관을 죽을 때까지 가지고 갈지 모른다는 건 생각만으로도 지치는 일이었다.

하지만 특출난 사람이라고 해서 마냥 행복한 게 아닌 것을. 공부 잘하고 돈 잘 벌고 외모 출중하고 매력적인, 누구에게나 부러움을 살 만한 이들이 깊은 우울에서 헤어나지 못하거나, 마음이 꼬일 대로 꼬여 불행을 자초하는 모습을 어디 한두 번 봤을까.

그래서 마음을 고쳐먹었다. '완벽한 사람은 없으니 지금 그대로의 나를 사랑하고 아끼며 더 즐겁게 살아보자. 나를 괴롭히는 마음속 굴레를 벗어던지자. 누군가가 나를 구원해 주길 바라기보다 스스로 행복해지는 길을 찾자.'

그리고는 '가장 즐겁게 사는 사람이 되는 것'을 목표로 잡았다. 어차피 점수를 매길 수 있는 절대 기준이 없으니 나만 만족하고 인정할 수 있으면 목표를 달성할 수 있겠다는 판단이었다.

마침, 오매불망 동경해오던 서핑을 그것도 한국에서 시작하게 됐다. 스노보드를 십여 년 탔지만 입문했던 해에 쌓은 실력만을 겨우 유지하고 있는지라, 서핑 역시 크게 잘하리라고 기대하지는 않았다. 그저 안달하지 않고 마음껏 자연을 즐기고 싶었다.

그런데 놀랍게도, 서핑이라는 스포츠에는 인생을 풍요롭게 해주는, 말로 다 표현할 수 없는 매력들이 숨어 있었다. 오랜 세월 찾아 헤매던 보물 지도라도 손에 쥔 듯 서핑을 생각만 해도 설레고 희망이 솟구쳤다. 평상심도 순수한 마음도 잊어버리고 불평과 불만으로만 채우려던 지난 시간들을 반성하게 됐다. 서핑과 함께 하는 바다는 경이롭고, 일상은 이전보다 재미있고 가치 있었다. 그리고 세상에는 감사해야 할 일들이 정말 많았다.

서핑에 입문한 순간부터 마술 같은 삶의 변화가 시작됐다. 내 작은 경험들을 바탕으로 이 경이로운 바다 스포츠를 이야기하는 이 시간이 영광스럽고 행복하다.

2012년 6월

개정판을 내며

사람이 꽃보다 아름다워

2012년 〈서핑에 빠지다〉를 내고 가장 많이 들었던 질문이 "왜 책을 쓰게 되었냐"라는 것이었다. 쉬울 것 같으면서도 막상 답을 하자면 어려운 질문. 그러나 다시 생각해 보면 답은 명쾌하다. "하고 싶은 일을 하며 즐겁게 살자"라는 얘기를 하고 싶었다.

지난 5년간, 주말 서퍼로서 나름 성실하게(?) 살았다. 파도가 있는 주말이면 바다를 찾았고, 휴가를 내고 해외 서핑 스팟도 찾아가 보았으며, 새로운 정보를 즐겁게 탐색했다. 그리고 그렇게 서핑에 대해 점점 많이 알아갈수록 서핑은 내가 생각했던 것보다 훨씬 넓고 깊은 세계라는 점을 느꼈고 늘 더 알아가고 싶다는 생각이 들었다.

그런데 사실 그러한 끌림의 중심에는 '사람'이 있었다. 다시 가고 싶은 바다에는 다시 만나고 싶은 사람들이 있다. 좋은 인연을 만들며 사는 것이 인생을 윤택하게 만드는 길이라는 것, 그것을 서핑을 통해 다시금 깨달았고 그렇게 살 수 있도록 더욱 노력하며 살고 싶어졌다.

5년 전과 비교해볼 때, 서핑 인구는 정말 많이 늘었고 업계도 커졌다. 서핑이 좋아서 국내외 바닷가로 거주지를 옮긴 사람들, 추운 겨울 동안 따뜻한 나라에 머물며 서핑을 하다 돌아오는 사람들, 학업을 중단하고 프로 서퍼의 길을 선택한 사람들 그리고 나와 같이 주말을 서핑에 투자하는 사람들 등 서핑을 중심으로 새로운 라이프 스타일을 갖게 된 사람들이 많다.

같은 것을 좋아하는 사람들, 바다에 있지 않을 때도 늘 서핑 생각을 할 게 뻔한 사람들, 언제 어느 바다에서 만날지 모르는 사람들. 서로를 더 위해주고 서로를 향해 더 미소 지어줄 수 있는 오늘이기를 바란다.

〈서핑에 빠지다〉는 서핑 입문기이다. 개정은 오래된 정보를 업데이트하는 것 위주로 했다. 서핑에 입문하는 분들을 포함해 즐겁게 살기를 희망하는 많은 분들과 이 이야기를 나누고 싶다.

독자 여러분과 출판사에 감사드린다.

2017년 4월

PART 1
두근두근 서핑 입문

한국에서 서핑을?
어둠 속 검은 생명체

간간이 빗방울이 떨어지는 해운대 바닷가. 베란다 통창 틀 안에 저녁 무렵 바다가 한가득 걸려 있다. 무심히 창 앞에 서서 바다를 내려다보고 있던 그때, 수채화처럼 서정적인 풍경을 깨고 검은 생명체 하나가 바다를 향해 돌진하는 게 눈에 들어왔다. 조금이라도 더 자세히 볼 요량으로 통창에 얼굴을 바짝 갖다 대고 뚫어져라 내다봤다. 돌고래처럼 매끈한 옷을 입고 한쪽 옆구리에는 기다란 판자를 낀, 잠수부도 해녀도 아닌, 비 오는 저녁 바다로 뛰어드는 저 어둑한 생명체는 대체 뭐란 말인가!

2010년 이른 여름, 난생처음 부산 해운대에 갔다. 삼촌이 바닷가 바로 앞 전망 좋은 아파트로 이사를 가셨다기에, 인사도 드릴 겸 바다도 볼 겸 떠난 여행이었다. 30여 년을 서울에서 태어나 자라온 서울 촌놈으로서, 바다를 '여름 휴가철의 피서지' 또는 '새해 첫날 일출 보러 가는 곳'이라고만 생각해왔기 때문일까. 여름휴가 성수기를 맞이하기 전, 한가롭고 평화로운 바다의 모습이 이색적으로 보였다.

장마철이라 날이 흐렸지만, 길게 뻗은 백사장에는 어린아이를 데리고 나온 가족들과 몇 쌍의 연인들이 산책을 하고 있었고, 머리 위로는 갈매기들이 해변의 터줏대감처럼 능숙하게 날고 있었다. 조금 있자니 빗방울이 후드득 떨어졌다. 마침 저녁식사 시간도 됐고 하여 미련 없이 삼촌 댁으로 돌아와 창밖을 바라보고 있었다. 다들 비를 피해 백사장을 벗어나고 있던 그 시각, 내 눈에 들어온 검은 생명체는, 바로 서퍼였다.

한 번도 직접 해보지는 못했지만, 서핑에 관한 호감이나 호기심은 늘 마음 한 구석에 고여 있었다.

"스노보드 타다가 지치면 골드 코스트(Gold Coast)에 가서 서핑을 하며 휴식을 취하지." (1997년 호주의 한 스키장에서 만났던 프로 스노보더)

"방과 후에는 매일 서핑을 해. 서핑 용품이 필요하면 아르바이트를 하고." (2000년 캐나다 어학연수 시절 만났던 멕시코 친구)

가끔 이런 친구들을 만날 때면 고여 있던 감정에 파도가 일고 부러운 나머지 호흡 곤란을 느꼈다. 미국 캘리포니아를 배경으로 찍은 드라마들은 스토리에 상관없이 서퍼들이 즐비한 바닷가 장면이 종종 나와서 좋아했고, 미국이나 호주로 유학 갔다 온 친구들이 서핑해본 날 찍은 인증 샷을 보여줄 때면 나도 뭔가 공부(?)를 하러 떠나야 할 것처럼 마음이 들썩였다. 자연을 '있는 그대로' 즐긴다는 느낌 때문이었을까. 일상 속에서 서핑을 할 수 있다는 것, 그 점이 숨 막히게 부러웠다.

그런 내 눈 앞에 서퍼가 나타났다. 그것도 한국의 바다에. 그 뒤로도 몇몇 서퍼들이 때를 기다렸다는 듯 어디선가 나타나 잇따라 바다로 돌진했다. 어두운 저녁이었지만 '우리나라에서도 서핑을 할 수 있다'는 사실을 알게 된 그 순간만큼은 분명 광명의 느낌이었다.

삼면이 바다로 둘러싸인 나라에 살면서, 1996년 스노보드에 입문해 스케이트보드와 웨이크보드도 타왔고, 십여 년간 서핑을 마음에 담고 있었으면서 어찌 이제야 이런 사실을 알게 되었을까. 한심하면서도 한편으로는 다행스러웠던 그날의 기억은 지금도 한 장의 사진처럼 머릿속에 선명하다.

한동안 감전이라도 된 듯, 꼼짝 않고 그들을 지켜보았다. 멍했던 시간들이 지나고, 강한 끌림의 순간이 밀려왔다. 몸은 고층아파트 창문 앞에 두고 마음은 해운대 파도에 맡겨 놓았던 그때, 내 다짐은 이랬다.

'내가 있어야 할 곳은 이 아파트 방구석이 아니라 바로 저기야. 이번 여름휴가 때는 나도 꼭 서핑을 배우고야 말겠어!'

바다 그리고 입수
내 인생의 첫 서핑

　오래 꿈꿔왔던 풍경 속으로 뛰어 들어가는 데에는 그리 많은 시간이 걸리지 않았다. 다짐은 여린 불꽃으로 점화되어 곧 활활 타올랐다. 정해진 수순을 밟듯이, 서울로 돌아오자마자 인터넷을 검색하고 수소문을 시작했다. 부산뿐만 아니라 강원도 양양과 제주도에도 서핑을 가르쳐주는 곳이 있고, 스노보드 탈 때 알았던 분들이 동해에서 서핑스쿨을 운영하고 있었으며, 친한 친구 한 명은 이미 그곳에서 서핑을 배웠다고 했다. 정말 파랑새는 멀리 있지 않았다!

'여름휴가까지 기다릴 거 뭐 있겠어?' 날씨가 좋았던 어느 주말, 친구를 따라 동해로 떠났다. 가방에는 미리 사둔, 여름 서핑에 필요한 기본 복장인 래시 가드(rash guard)와 보드 쇼츠(board shorts, 60p 참조), 그리고 자외선 차단제와 선글라스를 챙겼다. 간단한 전투 복장에 출정식도 없는 출전이었으나, 마음은 뭔가 비장했다. '나는 지금 내 인생에 없을 줄만 알았던 서퍼의 꿈을 잡으러 떠난다. 생애 첫 서핑을 하러 바다로 간다.'

머릿속으로는 영화 〈미녀 삼총사 2〉(2003년)의 카메론 디아즈처럼 보드 하나 가볍게 걸쳐 들고 물속으로 돌진하는 그림을 그려보지만, 현실은 서핑에 대해 아는 것이 하나도 없는 터라(외모가 다른 건 두 말할 것도 없고) 강습을 받기로 했다.

서핑스쿨이 위치한 곳은 강원도 양양군 현남면 동산리 동산항해수욕장. 해안가 수심이 깊지 않고 경사가 완만하며 모래가 곱고 물이 맑아 안전하게 바다를 즐기기 좋은 곳이다. 해변은 소나무 가득한 낮은 산과 정겨운 민박집들로 둘러싸여 있다. 뜨거운 태양이 내리쬐는 탁 트인 바다에는 노란 튜브를 끼고 물놀이를 즐기는 휴가객들과 함께, 각자 파도를 잡아타기에 바쁜 30여 명의 서퍼들이 있었다. 이미 이렇게 서핑을 즐기는 인구가 있다는 것이 신기했다.

강습은 물속이 아닌 모래 위에서 먼저 진행되었다. 스트레칭 후 보드의 구조 및 명칭, 보드 위에서의 자세(regular foot, goofy foot), 리시(leash) 착용법, 패들(paddle)하는 법, 보드 위에서 일어서는 법(stand up)을 배우고 간단한 실습도 했다.

그렇게 지상 강습을 마치고 드디어 두둥~ 입수!

숙련된 서퍼들은 서핑하기 좋은 파도가 생기는 지점까지 수영에서 자유형 할 때의 팔 동작으로 패들해 간 후 서프보드에 앉아 파도를 기다리지만, 초보

서프보드 각 부분의 명칭

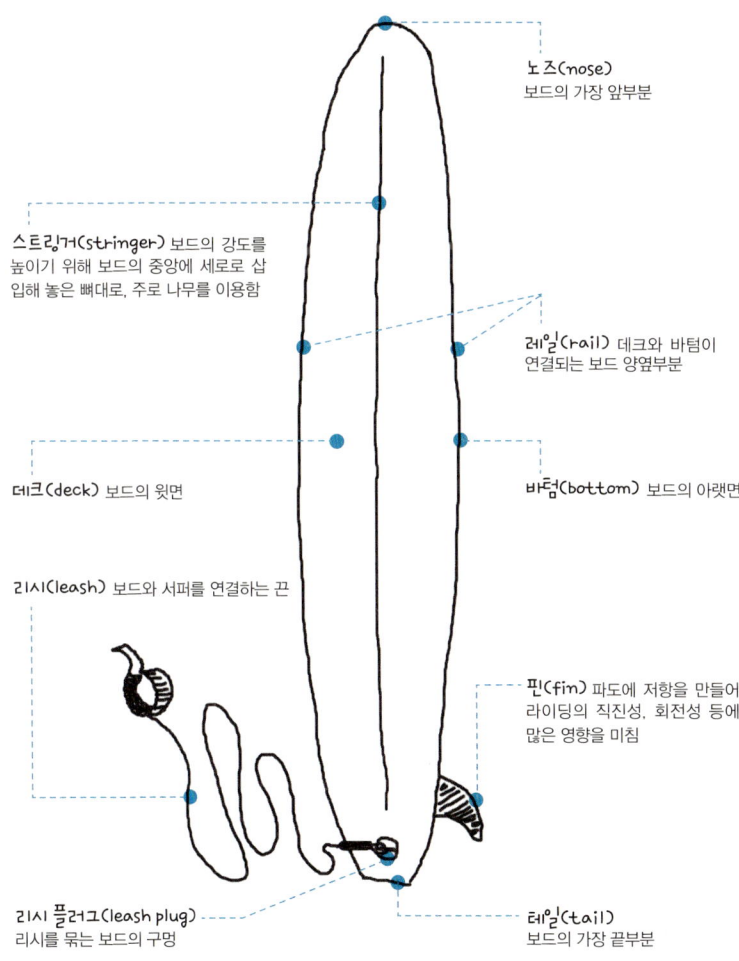

노즈(nose) 보드의 가장 앞부분

스트링거(stringer) 보드의 강도를 높이기 위해 보드의 중앙에 세로로 삽입해 놓은 뼈대로, 주로 나무를 이용함

레일(rail) 데크와 바텀이 연결되는 보드 양옆부분

데크(deck) 보드의 윗면

바텀(bottom) 보드의 아랫면

리시(leash) 보드와 서퍼를 연결하는 끈

핀(fin) 파도에 저항을 만들어 라이딩의 직진성, 회전성 등에 많은 영향을 미침

리시 플러그(leash plug) 리시를 묶는 보드의 구멍

테일(tail) 보드의 가장 끝부분

들은 깊지 않은 곳에서 연습하기 때문에 걸어서 적당한 지점까지 간 다음, 보드의 노즈(nose)를 해변을 향해 돌리고 서프보드에 올라가 엎드려 뒤에서 올 파도를 기다린다.

그리고 파도가 20~30미터 뒤, 혹은 그 이상의 지점에서부터 들어오는 것이 보이면 패들을 시작해 속력을 내고, 파도가 보드의 테일(tail) 부분을 밀어 준다 싶을 때 두어 번 더 힘차게 패들한 후 서프보드 위에서 일어서기를 시도한다. 이렇게 일어나 파도를 잡는 과정을 테이크 오프(take off)라고 한다.

일어설 때는 양손을 데크(deck) 위, 가슴 밑 지점에 올리고 상체가 아치가 되게 밀면서 다리를 재빨리 가슴 쪽으로 끌어당긴다. 일어섰을 때 양 다리는 어깨 너비 정도로 벌리고, 앞발은 노즈 방향으로 45도 정도 돌리고 뒷발은 테일과 평행이 되도록 한다. 가슴은 펴고 시선은 가는 방향에 두며, 무릎을 구부리고 두 팔을 벌려 균형을 잡는다. 이렇게 일어서는 스탠드 업(stand up) 과정을 물 흐르듯 자연스럽게, 그러나 빠르게 연결동작으로 해야 한다.

그러면 일어설 수 있느냐?! 나의 경우는 일어서기는커녕, 보드 중앙에 몸을 위치하고 다리를 벌려 균형을 잡아보려 해도 보드가 좌우로 부들부들 흔들려 뒤집어지지 않고자 안간힘을 쓰기에 바빴다. '왜 이러지? 왜 이러지?' 영 이유를 알 수 없었지만, 함께 간 친구가 자기도 처음에는 그랬다고 하기에 다 그런 거겠거니 하며 실망하지 않고 계속 파도를 잡아보려 했다(아마도 전혀 안 쓰던 근육을 쓰려니 힘이 부족하고 균형감각도 형편 없었던 탓이었으리라).

강사가 뒤에서 밀어줄 때는 그래도 파도를 잡을 수 있을 것 같았지만 이거 참 쉽지 않았다. 그렇게 부들부들 흔들흔들 하기를 반나절. 보다 못한 친구가 흔들리지 않게 보드 뒷부분을 잡아주고 파도가 왔을 때에 맞춰 내가 앞으로 나갈 수 있도록 밀어주기를 몇 차례, 드디어 '파도를 잡았구나!' 하는 느낌

스탠드 업 연결 동작

두 손을 가슴 밑에 놓고 상체를 민다.

앞 발을 가슴 쪽으로 당기며 일어선다.

균형을 잡는다.

이 왔다.

 선천적으로 날렵하지 못한 탓에 제대로 일어서지 못하고 어정쩡 무릎 꿇은 자세이긴 했지만, 파도가 밀어주는 힘에 의해 해변으로 시원하게 쏴아~ 미끄러져 나올 때는 말로 표현할 수 없을 만큼 상쾌하고 황홀했다. 십 년 묵은 체증이 내려간 느낌? 마지막 대출금을 싹 다 갚아버린 느낌? 그렇게 시원하고 후련했다. 신기하게도 반나절 고생하면서 겪은 약간의 맘고생, 몸고생은 그 몇 초의 환희로 인해 깨끗이 잊혀졌다.

 애당초 하루 만에 기초 동작을 잘 터득할 거라고 기대하지 않았기 때문에, 목표가 낮았던 만큼 만족은 컸다. 같은 첫날인데도 단번에 보드 위에서 일어나는 이들이 부럽긴 했지만, 나에겐 나만의 페이스가 있으니 그냥 천천히 과정을 즐기리라 마음먹었다.

ⓒ송정서핑학교

서핑을 처음 배우려면?

서핑은 즐거운 스포츠지만 바다 환경과 에티켓에 대한 지식 없이는 위험할 수 있다. 따라서 경험이 풍부한 강사로부터 정식으로 강습을 받는 것이 중요하다. 국내에는 강원, 충남(태안), 경북 포항, 울산, 부산, 제주 등에 서핑스쿨이 있다(292p 참조). 날씨가 풀리는 봄부터 여름까지 서핑을 배우려는 사람들이 많아지는데, 이때 각종 서핑대회나 서핑 동호회에서는 간단한 강습과 서핑 체험의 기회를 제공하는 이벤트가 마련되기도 한다.

보드 위에서의 기본자세(스탠스, stance)

레귤러 풋(regular foot)은 서프보드에 올라섰을 때 왼발을 앞에 놓고 타는 스타일을 말하고, 구피 풋(goofy foot)은 반대로 오른 발을 앞에 놓는 것을 말한다. 스케이트보드, 스노보드, 웨이크보드와 마찬가지다. 본인이 편한 스타일을 택하면 된다.

리시 착용법

서프보드 끝에 달린 리시는 물에서 넘어졌을 때 보드가 멀리 도망가지 못하도록 서퍼와 보드를 연결하는 끈이다. 보드가 멀리 튕겨져 나가거나 파도에 휩쓸려 갈 경우, 보드를 찾고자 헤엄쳐 가는 것도 힘든 일이지만 다른 서퍼들이 보드에 맞아 부상을 당할 수 있기 때문에 리시를 착용하는 것은 중요하다. 리시는 뒷발, 즉 레귤러 풋은 오른발, 구피 풋은 왼발에 묶는다.

짠맛 쓴맛
서핑 둘째 날

아침 일찍 눈을 떴다. 역시나 안 쓰던 근육들을 썼더니 어깨, 등, 허리, 허벅지 등 온몸 구석구석이 욱신거렸다. 어제는 미처 생각해볼 겨를도 없었지만 오늘 몸 상태를 보니 서핑은 정말 대단한 전신운동이다.

사실 이런 욱신거림은 운동을 열심히 했다는 증거인지라 괴롭기보다는 반갑다. 뻐근한 느낌은 시간이 해결해 줄 것이니 별 걱정도 없다. 스노보드를 처음 배울 때 딱딱한 눈밭에 나뒹굴어 이곳저곳 멍이 들어 아팠던 것과는 다른, 순수한 아픔이랄까? 뉘앙스가 이상하지만, 은근히 마음에 드는 통증이다.

보드 쇼츠 밖으로 드러났던 무릎에 발진이 생겨 쓰라렸다. 보드 데크에 올라가는 동작을 계속 반복하느라 피부가 쓸려 그런 것인데, 오늘은 좀 조심해 보자 생각했다. 어제보다는 잘 탈 수 있을 거라는 기대감을 갖고 바다로 나갔다. 이미 몇몇 서퍼들이 입수해 있었다. 파도는 어제보다 약간 커 보였고 날씨는 화창했다.

바다를 바라보며 잠시 스트레칭을 했다. 목, 팔, 어깨, 허리, 허벅지, 발목 등의 근육을 골고루 풀었다. 자잘한 부상을 몇 차례 겪어봤기 때문에 운동 전후 스트레칭의 중요성은 잘 알고 있다. 다치면 나만 손해고 회복하는 기간 동

안에는 놀 수 없어 우울해진다. 그래서 '안전제일'을 늘 마음속에 새기고 있다.

다른 사람들이 타는 모습을 보는 것은 늘 재미있다. 어떤 사람은 작아 보이는 파도도 신기하게 몇 번의 패들로 거뜬히 잡아타고, 어떤 사람은 거친 파도에 모두가 뒤집혀 침몰했는데 혼자 테이크 오프에 성공해 부러움을 사기도 했다.

그렇게 준비를 마치고 서핑을 하러 입수! 그런데 물에 발을 담그는 순간 덜컥 겁이 났다. 밀려오는 파도가 부담스러울 정도로 커 보였다. '파도가 어제보다 조금 커졌나?'라고 가볍게 생각했는데, 물 밖에서 볼 때보다 물 안에서 파도와 맞닥뜨릴 때 파도가 더 크게 느껴진다는 것을 알게 됐다. 게다가 어제는 없던, 바다에서 육지 방향으로 부는 바람도 생겨나 파도 속도가 더 세진 것 같고, 파도도 더 쉼 없이 밀려오는 것 같았다. '안전제일인데……' 잠깐 속으로만 망설이다가 용기를 냈다. '지금 여기 강사님도 있고 나 같은 초보자도 많은데 뭐.'

신기하게도 어제처럼 서프보드 위에서 좌우로 바들바들 흔들리던 현상이 싹 사라졌다. 하루 만에 근육들이 적응한 것일까? 그러나 신기해 하는 것도 잠시, 좌우로 흔들리지 않는 대신에 빠르게 밀려오는 파도 덕에 다양한 모습으로 뒹구는 경험을 했다. 여기가 어디고 난 누구이며 무엇을 하고 있는가. 정신을 차리기 힘들 정도로 넘어지기에 바빴다. 바닷물을 입뿐만 아니라 귀, 코, 눈으로 마시고 있는 것 같았다. 30대 중반에 이렇게 고상하지 않은 자태로 심하게 자빠져도 되나 싶은 생각이 들었다. 그러나 한편으로는, 나만 그러고 있는 것은 아니기에 안 될 거는 또 뭐냐 싶었다.

  도무지 무엇이 틀려서 넘어지는지 잘 모르겠다는 표정으로 어리둥절해 할 때마다 주위에서 한두 마디씩 건네주는 조언이 가뭄에 단비 같았다.

"보드 위에서 몸이 너무 앞으로 가 있기 때문에 노즈가 바닷속으로 박히게 되는 거니까 몸을 조금 뒤로 옮겨서 타봐."

"몸은 스트링거 가운데에 오도록 해야지 좌우 한쪽으로 치우치면 바로 뒤집어진다."

"보드에 엎드렸을 때 다리를 붙이지 않으면 균형이 깨지기 쉬우니 붙이고 해봐."

"스탠드 업을 할 때 손으로 레일을 잡으면 괜한 물의 저항을 만들어내서

불안정해지니까 손은 데크 위로 올려."

"서프보드가 파도의 진행방향과 직각이 되도록 파도를 보며 각도를 맞춰서 패들해야지."

조언을 듣고 그 말대로 실천해 보는 재미가 쏠쏠했다. 진짜 맞는 얘기들만 해주는 것이 신기했다. 그렇게 열심히 실패하는 와중에 한두 번은 제대로 파도를 잡고 일어서는 성공을 맛보았다. 나도 보드 위에서 일어설 수 있는 호모 에렉투스(직립 인간)임을 증명했다며 가슴 벅차 하는데 주변에 있던 분들도 함께 기뻐해줬다. 10개월 영아가 처음으로 한 발을 떼고 걷기 시작했을 때의 반응과 흡사했다. 이렇게 같이 즐거워해 주는 건, 그들의 기억에도 처음으로 테이크 오프에 성공했던 날의 기쁨이 새겨져 있기 때문이겠지?

속된말로 정말 '째지게' 기분이 좋았다. 에너지가 샘솟고, 마음이 정화되고, 살아있다는 느낌이 복합적으로 가슴에 차올랐다. 이 순간을 위해 수백 번 넘어져야 한다 해도 기꺼이 기쁜 마음으로 그렇게 할 수 있을 것 같았다.

그러나 이날의 마무리는 좋지 못했다. 굴욕적으로 나동그라지며 경미한 부상을 입었다. 잽싸게 파도를 잡아타 해변으로 밀려들어오고 있는데, 어디서

어떻게 멈춰야 하는지 몰라 당황스러웠다. 해변과 가까운 얕은 바다에서 놀았기 때문에 해변에 당도하는 데는 몇 초밖에 걸리지 않았고 그대로 모래사장에 꽂힐 판이었다. 그래서 급하게 보드에서 뛰어내린다는 것이 그만 엄지발가락으로 착지를 하며 굴렀다. 잠시 엄지발가락을 부여잡고 아픔을 삭이며 상태를 살폈는데, 부러진 것 같지는 않고 근육이나 인대가 손상된 듯했다. 날도 어둑해지고 해서 그 길로 이날의 서핑을 접었다.

그래도 첫날에 비하면 상당히 성장한 날이었음이 분명하다. 짠맛 쓴맛 다 보았지만 무엇에 매료되는 기쁨을 오랜만에 느낄 수 있었던 날. 어쩌면 30년 전 유치원 소풍날 이후 가장 많이 웃은 날이었는지도 모르겠다. 이 맛에 서퍼들이 바다로 나가는 게 아닌가 싶다.

운동 전후 스트레칭

운동 전에 스트레칭을 하면 근육에 많은 유연성이 확보되어 운동 시 생길 수 있는 근육 손상을 줄여준다. 서핑 때에는 전신의 근육들을 골고루 사용하게 되므로 다양한 스트레칭 동작을 최소 10분간은 해주는 것이 좋다. 서핑을 마친 후에도 스트레칭을 해주면 근육의 긴장 상태를 풀고 평상시의 심박수로 돌아오는 데에 도움이 된다.

서프보드에서 내려올 때

- 보드가 속력을 내어 해변을 향해 가고 있을 때, 스탠드 업 동작의 역순으로 보드 위에 엎드리며 테일 쪽으로 무게중심을 옮기면 보드의 속력이 줄어 안전하게 멈출 수 있다.
- 몸이 보드 옆이나 뒤쪽으로 떨어지도록 한다. 보드는 가던 대로 해변을 향해 갈 것이기 때문에 내 보드와 충돌하는 것을 피할 수 있다.
- 보드에서 뛰어내리거나 머리부터 다이빙해서는 안 된다. 물의 깊이가 얕거나 바닥에 암초가 있으면 큰 부상을 입을 수 있다. 차라리 엉덩이나 등처럼 넓은 면적이 먼저 닿도록 떨어지는 것이 낫다.

파도가 아른아른

그곳에 두고 온 마음 한 조각

2010년 여름, 그렇게 서퍼가 되는 첫발을 내디뎠다. 끝없는 패들링으로 뼈 근해진 어깨는 남들은 모르는 나만의 뿌듯함이었다. 불가피하게 짠물을 많이 먹긴 했지만, 많이 웃고 많이 움직였으니 심신이 건강해진 듯했다. 아마 다른 사람들은 내 새까매진 피부를 보고 여름휴가를 '찐하게' 즐겼겠거니 생각했을 것이다.

서울로 돌아와 얼굴에 팩이나 하며 일요일 밤을 보내고 맞이한, 새로울 것 없는 월요일 출근길. 그런데 확실히 마음 한쪽을 바다에 두고 온 것 같았다. 회사 책상 위 달력이 '오늘은 월요일'임을 알려주고 있는 것이 야속하게 느껴졌다. 머릿속으로는 주말에 만나기로 한 친구와의 약속을 주중으로 바꾸기 위한 핑곗거리를 찾고 있었고, 서울의 날씨보다 바닷가의 날씨가 더 궁금했다. 그래도 오늘을 열심히 살다 보면 곧 주말이 다가오겠거니 하며 마음을 다 잡았다.

　서핑을 하기에는 체력이 턱없이 부족하다는 것을 느꼈기에 어떡해야 체력을 키울 수 있을지 고민했다. 사람이 뜸한 복도 같은 데 가면, 틀렸다고 지적받은 패들링 자세를 떠올리며 바른 자세를 익히고자 팔을 저어보기도 했다. 누가 봤으면 오십견 와서 저러나 했을지도 모른다.
　모랫바닥에 들이박아 감각이 제대로 돌아오고 있지 않은 발가락의 상태를 확인하기 위해 재빨리 진료 예약도 했다. 크게 아프지는 않았지만 서핑하는 데에 걸림돌이 될까 걱정이었다. 엑스레이 사진을 찍고 초음파 검사도 받아봤는데 별 이상은 없었다. 그저 그럴 수 있는 일이라고, 빠르지는 않더라도 서서히 감각이 돌아올 것이고 활동하는 데에는 제약을 받지 않을 것이니 전혀 걱정할 필요 없다고 말하는 의사 선생님을 보며 속으로 말했다. '오늘부터 당신은 나의 명의십니다.'
　얼마 전 주문했던, 초보자들을 위한 서핑 입문서와 DVD, 잡지가 도착했다. 다시금 마음에 활기가 돌았다. 서핑에 대해 아는 것이 별로 없었던 터라 책과 DVD 내용이 모두 흥미로웠다. 특히 기본적인 자세나 기술을 설명하기 전에, '바다의 이해(파도 생성의 원리, 바다의 위험 요소, 생물의 특성 등)'와 '서핑 에티켓', '안전 수칙' 등을 먼저 설명하며 강조하고 있는 것을 보니 정말 서핑을 단순한 운동으로 여겨서는 안 되겠다는 생각이 들었다.

그렇게 바다를 그리워하며 일주일이 흘러갔다. 몸은 일상에 있는데 마음은 파도 위를 허우적거렸다. 제대로 짝사랑에 빠진 게 틀림없었다.

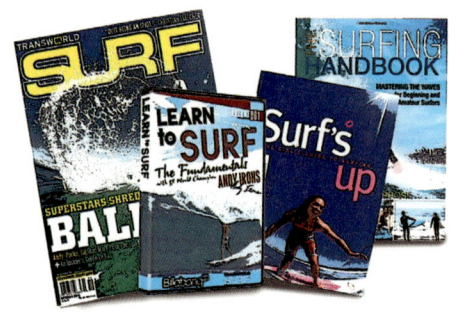

강원도 양양 죽도해수욕장
©Ian McCosh

휴대폰 알람 소리에 찡그리며 눈 뜨는 아침이 아닌,
파도 소리에 설레며 맞는 향긋한 아침이 있다.

패들! 패들! 패들!
한 팔 한 팔 정성껏

서핑의 기본 방법은 이렇다.

파도를 잡기 좋은 위치로 패들해 가서 저 멀리서 탈 만한 파도가 오는 것이 보이면 얼른 보드의 노즈를 해변 쪽으로 돌려 해변을 향해 패들을 시작한다. 파도가 다가오는 것을 어깨 너머로 확인하며 패들해 파도의 속도와 나의 속도를 맞춘다. 그리고 파도가 나를 미는 느낌이 들 때 두세 번 더 세게 패들한 후 재빨리 보드에서 일어나면 테이크 오프에 성공, 라이딩을 즐길 수 있다.

그런데 이게 말처럼 쉽지가 않다. 스노보드처럼 고정된 슬로프를 타는 것이 아니라 움직이며 변화하는 파도의 면을 타는 것이기 때문에, 테이크 오프 시 민첩함과 균형 감각이 더욱 요구되고, 그 적당한 타이밍을 몸에 배게 하려면 많은 연습이 필요하다. 처음부터 빨리 익힐 수 있을 것이라고 기대하지 않았기 때문에 마음은 느긋했다. 그런데 웬걸, 문제는 '믿었던 패들'이었다. 어려서부터 수영을 배워 왔고 그 중에서도 자유형이 가장 자신 있었기 때문에 패들은 그냥 하면 될 거라고 생각했는데 하는 족족 틀렸다고 지적을 받으니 세상에 이렇게 어려운 게 또 있을까 싶을 지경이었다.

평소 에어로빅을 꾸준히 해서 체력이 약하다고 생각하지는 않았는데(나름 우리 에어로빅 반에서 제일 앞줄에 서는 '일진 언니'인데), 라인업까지 패들해 가는 것만으로도 체력이 달린다는 생각이 절로 들 정도로 숨이 찼다. 파도를 잡고자 죽을힘을 다해 패들을 했는데 파도를 놓치면 패들을 더 열심히 해야 한다고 하고, 하라는 대로 했다고 생각했는데 이제는 또 팔 동작이 틀렸단다. 30년 자유형 인생인데 팔 동작이 틀렸다니. 슬쩍 대충 하려 할 때마다 옆에서 강사님이 "패들! 패들! 패들!" 하며 더 힘차게 해야 한다고 외치니, 지금 휘두르는 것이 내 팔인지 남의 팔인지 분간도 못할 만큼 힘이 빠지고, 힘이 빠지니 파도를 잡는 것이 더 힘들었다. 자꾸 지적을 받으니 자신감이 떨어지고 슬슬 부아도 치밀었다. 대체 무엇이 잘못되었다는 것인지!

지금 생각해 보면, 그때는 뭐가 문제인지 설명을 들어도 잘 이해하지 못했다. 우선 패들을 할 때는 어깨(삼각근), 등(승모근), 팔(이두근, 삼두근)의 힘을 주로 이용하게 되는데, 그런 근육 운동을 한 번도 해본 적이 없으니 힘이 달리는 건 당연했다. 에어로빅은 전신 유산소 운동이니 에어로빅으로 쌓은 체력이 패들하는 데에 큰 도움이 되길 바랐던 건, 과학 공부를 해놓고 수학 시험 잘 보기를 바라는 것과 비슷한 일이랄까.

잡고자 하는 파도가 올 때는 해변을 향해 패들을 해서 파도 속도와 비슷한 속도를 스스로 내야 하는데, 속도는 생각 안 하고 팔만 빨리 휘저으면 패들을 잘 하는 것인 줄로만 알았다. 빨리 휘젓다 보니 바다 표면의 물만 걷어내는 꼴이었지 제대로 속도를 만들어내지는 못한 거다. 팔을 보드 노즈 쪽으로 쭉 뻗어 물속을 힘 있게 훑어야 패들의 효과를 볼 수 있다. 한 번을 해도 성의 있게 쭈욱~! 이태리 장인이 한 땀 한 땀 옷을 짓듯이 정성껏! 이제야 좀 알 것 같다.

누군가는 패들이 서핑의 70%를 차지하고 나머지 20%는 기다림(좋은 파도가 올 때를 기다리는 것), 그리고 나머지 10%만이 라이딩이라고 말한다. 그러나 초보자에게는 패들이 90%를 차지한다 해도 지나친 말이 아닌 것 같다.

서핑을 하면 할수록 패들의 중요성을 더 크게 느끼게 된다. 패들은 부서지는 파도를 헤치고 파도를 탈 수 있는 장소까지 나아갈 수 있게 해주고, 속도를 내서 파도를 잡을 수 있게 해주며, 조류(54p 참조) 등의 위험상황에서도 벗어날 수 있게 해준다. 인간의 발달과정으로 보면 걸음마와 비슷하다고 해야 할까? 처음에는 아슬아슬 휘청휘청 어설프게 시작하지만 그렇게 익힌 걸음마로 평생을 살아가니 말이다. 많은 연습을 통해 익숙해진다는 점도 닮았다.

"패들! 패들! 패들!"을 너무 많이 들어 귀에 딱지가 앉을 것 같던 날, 결국 꿈속에서마저 그 목소리를 듣고야 말았다.

패들을 잘하려면

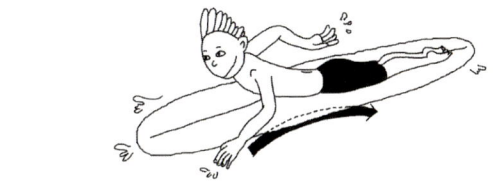

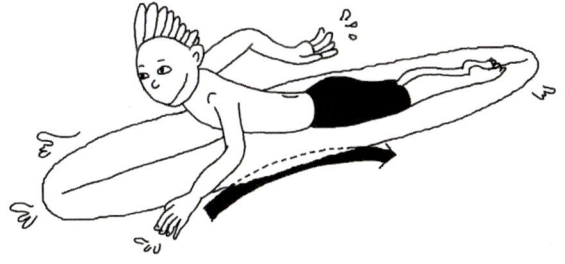

- 보드의 노즈가 10cm 정도 물 위에 뜨도록 몸의 균형을 맞춘다.
- 등 근육을 이용해 상체를 들어준다.
- 손가락은 너무 벌리지도 붙이지도 않은, 자연스러운 상태가 좋다.
- 다리는 벌어지지 않도록 모은다.
- 팔꿈치를 살짝 구부려 왼팔 오른팔 교차해 패들한다. 양손을 동시에 젓는 동작은 파도를 잡기 직전 순간적으로 큰 힘을 내기 위해 마지막으로 두세 번 정도 쳐줄 때 한다.
- 손으로 바텀 밑, 레일 안쪽을 훑는다고 의식적으로 생각하며 패들한다. 팔이 보드에서 멀어져 팔(八)자 모양으로 젓게 되면 힘 있게 패들을 할 수 없다.
- 잔잔한 바다에서 패들 연습을 해본다.
- 경험이 풍부한 서퍼에게 자세를 체크 받는다. 스스로는 잘한다고 생각해도 틀린 점이 있을 수 있다.

라인업에 가고 싶다
파도와 파도 사이를 노리는 거야

'음……, 바다는 넓은데 왜 다들 저기에 몰려 있지?'
 서퍼들이 모여서 파도를 기다리는 위치, 그곳을 라인업(lineup)이라고 한다. 파도가 그즈음에서 타기 좋게 부서지기 시작하기 때문에 미리 나가서 파도를 맞이할 준비를 하는 곳이다. 초보자는 보통 해변 가까이에서 이미 부서진 거품 파도(white water)를 타며 기본 기술을 익힌다. 기초를 익히고 나면 진출해야 할 곳이 바로 라인업이다. 그러나 패들을 오래해야 한다는 점 외에도 라인업까지 가려면 몇 번이고 밀려오는 파도를 극복해야 하기 때문에, 적당한 패들 실력과 파도를 뚫고 가는 기술이 쌓이기 전까지는 '가까이 하기엔 너무 먼 당신' 같이 느껴지기도 한다.

라인업에 가려면 파도와 파도 사이, 즉 파도가 치지 않는 잠깐의 시간을 잘 이용해 열심히 패들해야 한다. 이때 경치를 보며 잠시 숨을 고르다가 파도가 오면 피하다가, 파도가 지나가면 헝클어진 헤어스타일을 가다듬다가, 또 파도가 오면 조금 쓸려 나갔다가, 큰 파도가 오면 패대기쳐졌다가 하다 보면, 힘이 빠져 라인업 가기를 포기해야 할지도 모른다(남의 얘기처럼 말하고 있지만 사실 내 얘기). 또한 큰 파도가 부서지는 지점은 피해 돌아서 라인업에 나가야 한다. 돌아가는 길이 멀게 느껴질 수 있겠지만, 부서지는 큰 파도를 뚫으려다 가는 마치 씨름 천하장사에게 업어치기, 메치기를 수십 번 당하고 결국은 기권을 하게 되는 꼴과 비슷한 결과를 얻을 수 있다. 파도의 상황을 잘 살펴 현명하게 갈 길을 정하고 집중해서 패들해 나가야 한다.

남들은 참 금세 라인업에 가는데 나만 못 나아가고 부서져 밀려오는 파도와 사투만 벌이고 있을 때, 이미 숨은 턱밑까지 찼는데 갈 길은 멀게만 느껴질 때. 생각만 해도 고독한 이 불편한 순간이 서퍼로서 극복해야 할 숙명이라면 숙명이다.

파도를 뚫고 라인업에 가는 방법은 여러 가지가 있다.

- 얕고 잔잔한 바다에서는 서프보드를 옆에 놓고 밀며 걸어 나갈 수 있다. 이때 작은 파도가 밀려오면 양손으로 보드를 살짝 들어주거나 보드를 앞으로 밀어서 파도가 지나가게 하면 된다.
- 물이 허리 이상 깊어지면 보드에 올라가 패들해 앞으로 나아간다. 힘이 세지 않은 거품 파도가 밀려오면 파도가 보드를 치기 직전에 보드의 레일을 양손으로 꽉 잡고 고개를 숙여 보드와 몸이 밀착되게 하여 파도를 뚫고 지나간다. 이러한 방법을 펀치 스루(punch through)라고 하는데, 이때 보드는 파도의 진행방향과 직각이어야 한다.

- 작은 파도가 올 때 레일을 잡고 푸시 업(push up) 자세를 해 보드와 내 몸 사이로 파도가 빠져나가게 하는 방법도 효과적이다.
- 보다 큰 파도가 다가오면 롱보드(71p 참조)의 경우는 터틀 롤(turtle roll)을 한다. 보드의 레일을 꽉 잡고 한 방향으로 회전해 파도 아래로 들어갔다가 빠르게 반대 방향으로 나오는 기술이다. 물 밖으로 나오면 균형을 잡고 다시 패들한다.
- 쇼트보드의 경우는 터틀 롤 대신 덕 다이브(duck dive)를 한다. 파도가 다 가올 때 열심히 패들해 속력을 내다가 파도와 부딪히기 직전에 보드의 레일을 꽉 잡아 팔을 펴고 밀며 보드 앞부분에 체중을 실어 누르며 잠수한다. 한쪽 발로 보드 테일을 누르고 반대편 발(보통 리시를 착용하지 않은 발)은 들어 물속으로 들어갔다가 파도가 지나갔다 싶으면 자연스럽게 나오면 된다. 말은 참 간단한데, 그 적당한 타이밍을 익히려면 연습이 많이 필요하다. 덕 다이브 없이는 라인업에 갈 수 없다고 할 정도로 쇼트보더들에게는 중요한 기술이다.
- 파도가 거센 날은 계속 밀어닥치는 파도 앞에서 이도 저도 안 먹힐 때가 있다. 그럴 때는 보드를 옆에 버리고 몸만 파도 밑으로 다이빙해서 파도를 지나간 후 물 위로 올라와 리시를 당겨 보드를 찾고 빠르게 패들 자세를 취해 앞으로 나아가는 베일 아웃(bail out)이라는 방법을 써볼 수 있다. 그러나 베일 아웃 시에는 뒤에 누가 없는지 반드시 살피고, 누군가가 있다면 어떡하든 보드를 꼭 잡고 놓아서는 안 된다. 뒷사람이 보드에 맞아 다칠 수 있기 때문이다. 따라서 라인업으로 향해 갈 때 앞에 다른 서퍼가 있다면 옆으로 피해서 패들하는 것이 안전하다. 그러나 초보자는 그렇게 힘들게 라인업에 나간다 하더라도 파도가 크면 잡아타지 못할 가능성이

많기 때문에 잔잔한 파도가 치는 곳으로 이동을 고려해 보는 것이 좋다. 실력에 맞는 파도를 선택하는 것은 안전을 위한 가장 기본 사항이다. 숙련자들은 라인업에서 가까운 바위나 방파제 등에서 뛰어내려 라인업에 가기도 하고, 해변으로부터 바다로 돌아가는 조류(립 커런트)(54p 참조)를 타고 라인업에 가기도 하지만 초보자가 쉽게 덤빌 일은 아니다.

그런데 이렇게 숨차게 라인업에 도달하면? 보드에 앉아 저 멀리 파도가 오는지 바라보며 잠시 숨을 돌리지만(파도가 오지 않는 날은 한참 기다릴 수도 있다) 이제 또 파도를 선점하여 잡아타기 위한 치열한 경쟁의 순간이 기다리고 있다. 대학만 가면 다 이루어질 듯 애기하다가 막상 대학에 들어가서는 취업 걱정을 하는 꼴이랄까? 하지만 서핑은 즐거우니까 기꺼이 도전하고 싶어진다.

체력은 국력이라는 말은 언제나 옳다. 파도가 거칠고 조류가 센 날, 라인업에 나가고자 할 때는 늘 그런 생각이 든다.

앉은 자세에서 방향 돌리기

라인업에서 서프보드에 앉아 파도를 기다리다가 내가 탈 만한 파도가 오는 것이 보이면 재빠르게 보드 노즈를 해변 방향으로 돌려 테이크 오프 준비를 해야 한다. 서프보드의 테일 방향으로 몸을 기대 테일을 회전축으로 삼고, 손과 발을 이용해 물살을 가르며 회전한다.

고향이 어디세요?

저 좀 놀았어요

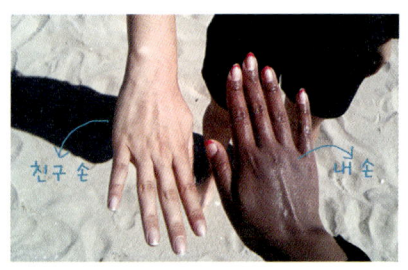

 서퍼들은 햇빛에 대해 양가감정을 가지곤 한다. 따뜻한 날씨를 그리워하면서도 막상 자외선이 강해지면 피부 손상에 대한 걱정이 커지기 때문이다.
 서핑에 입문한 해에는 바다에서 그 어느 해보다 많은 시간을 보냈다. 그러다 보니 까매도 너무 까만 피부로 지내는 날들이 많았다. 원래 까만 편이라 쉽게 타기도 했지만, 가끔은 거울을 들여다보다가 '헉' 하고 놀랄 때도 있었다.
 까만 피부가 서퍼들 사이에는 익숙한 일이라 바다에서는 자연스럽지만, 직장에서는 쑥스럽기도 했다. 너무 대놓고 '저 좀 놀았어요' 하는 듯했으니. 동네 아주머니들도 무서웠다. '과년한 처자가 어쩌자고 저러고 다녀.' 나를 쳐다보는 눈이 그렇게 말하는 것 같았다.

한번은 퇴근길 지하철에서 누군가가 어눌한 말투로 물었다.
"저, 고향……이 어디……세요?"
누구한테 묻는 건지 잘 모르겠기에 못 들은 척하고 있었는데 재차 질문이 날아왔다.
"혹시 방글라데시…… 대학교 다니지 않으셨어요?"
'아, 나를 고향 친구로 착각했구나…….' 그제야 상황 파악이 되어 한국에서 쭉 살아온 한국 사람이라고 말했더니 이 분, 연신 고개를 갸웃한다.
"맞는 것 같은데……."
잠깐 영어회화학원을 다녔을 때도 남아프리카공화국에서 온 흑인 선생님이 악수를 하다가 내 손등과 본인 손등을 번갈아 보며 "우리 둘 중 누가 남아공 출신인지 모르겠네"라고 농담을 건네기도 했다.
정말 하루 종일 바다에서 놀았던 날은 손등이 너무 타고 또 뜨거운 열기가 쉽게 빠지지 않아서 이게 손등인지 바비큐 숯인지 헷갈렸다. 서핑할 때는 타는지 익는지 전혀 모르다가 서울로 돌아와서야 손등에 여전히 열기가 남아 있고 만져보니 살이 갈라지는 듯한 통증이 있어 놀라기도 했다. 피부과 전문의에게 물어보니 자외선에 의한 피부 알레르기 반응이라고 했다. 덕분에 한

동안 섬섬옥수와는 거리가 먼, 거북이 등가죽 같은 손으로 살았다.

사실 자외선 차단을 위한 노력은 서퍼에게 매우 중요한 일이다. 자외선은 피부를 까맣게 할 뿐만 아니라 노화를 촉진하고 피부암 발생 가능성을 높인다. 서양에서는 유명 서퍼들이 피부암의 위험성과 예방의 중요성을 알리기 위한 캠페인에 앞장서는 모습을 쉽게 볼 수 있다. 피부의 멜라닌 세포가 어느 정도 자외선 차단의 역할을 하는데, 백인종은 황인종이나 흑인종에 비해 멜라닌 세포가 적어 피부암 발생 가능성이 높다.

물론 서핑을 할 때 자외선 차단제를 수시로 덧바르고 서핑 후에 진정과 보습을 하고자 나름 애썼지만 나중에 보니 똑똑하지 않은 형식적인 노력이었다. 자외선 차단지수가 너무 낮은 선블록 크림을 한동안 열심히 발랐고, 바꿔 보겠다고 워터 프루프도 아닌 제품을 패키지가 예쁘다는 이유로 덥석 물어왔다. 어쩐지 별 효과가 없더라니.

서퍼들은 대부분 징크 옥사이드(Zinc Oxide)나 티타늄 다이옥사이드(Titanium Dioxide)와 같은 광물질이 포함된 제품을 쓴다. 이 성분들은 피부 표면에서 물리적으로 빛을 산란시켜 피부를 보호하는 역할을 한다. 스키장에서 어린이들이 많이 쓰는 컬러풀한 징카(Zinka)도 이런 제품이다.

어느 날 징카를 선물 받았다. 알록달록한 색만 있는 게 아니라 피부와 비슷한 색의 제품도 있지만, 내가 받은 것은 파랑과 핑크색의 징카였다. 덕분에 한동안 아바타와 핑크팬더에 빙의된 모습으로 해변을 누볐다. 색이 짙은 징카를 쓸 때는 선블록 크림을 바른 후 잡티가 생기기 쉬운 부위에만 부분적으로 덧발랐는데, 징카가 지워지지 않았는지 눈으로 볼 수 있어서 덧발라야 할 때를 알 수 있다는 점이 편리했다.

보드 위에서 엎드려 패들하는 시간이 길다 보니 얼굴 외에도 보드 쇼츠 밑으로 드러난 종아리 뒷부분과 머리카락 옆으로 드러난 귓등, 손등 등이 주로 심하게 탄다. 그래서 종아리와 손등에까지 흰색 징카를 바르고, 서핑용 모자(175p 참조)도 이용하고 있다.

다양한 시행착오를 통해 지금은 내게 맞는 자외선 차단제와 방법을 찾았다. 친구들은 레이저 치료니 마사지니 하며 피부에 투자하지만, 난 자외선 차단제와 미백 크림, 진정과 보습을 위한 제품을 사는 데 팍팍 투자할 생각이다. 젊어서 자외선에 많이 노출되면 길게는 30년 후 피부에 문제를 일으키는 원인이 되기도 한다니, 이런 투자는 아깝지 않다.

피부 관리는 여자만? No. 남자들이 자외선 차단제를 수시로 꼼꼼히 바르고 서핑 후에도 서로 팩을 붙여주며 여자들 못지않게 관리하는 것을 보면 종종 반성하게 된다. 그래, 꽃미남·꽃중년 되는 것이 어디 쉬우랴!

매끈하게 윤기 나는 도자기 피부나 뽀얗고 탱탱한 찹쌀떡 피부는 바라지도 않는다. 서핑을 통해 마음이 젊어지는 것에 반비례해 피부가 늙어버리는 일만은 막고 싶다.

자외선으로부터 피부 보호하기

자외선 차단제 선택은 똑똑하게 자외선 A, B를 동시에 차단하는 워터 프루프 제품으로 골라야 한다. PA 지수가 높을수록 자외선A(피부 주름, 노화, 암을 발생시키는 주원인) 차단 효과가 좋고, SPF 지수가 높을수록 자외선B(색소 침착과 화상의 주원인) 차단 효과가 좋다. SPF는 30 이상, PA는 ++ 이상인 것을 사용하도록 권장된다.

미리 바르기 일반 선블록 크림은 자외선에 노출되기 10분 전에는 발라야 피부에 흡수되어 화학적 작용을 한다.

세안을 깨끗이 징크 옥사이드류의 제품은 피부 밀착력이 좋아 물에 쉽게 씻기지 않기 때문에 사용 후 세안 전용 클렌저로 깨끗이 씻어내도록 한다.

사후 관리도 야무지게 피부가 뜨거운 상태에 있는 것도 노화를 촉진한다. 알로에 젤이나 팩 등을 이용해 진정과 보습을 해주는 것이 좋다.

눈과 두피, 모발도 보호 자외선에 오래 노출되면 눈도 자극을 받는다. 각막염, 결막염, 경도 화상 등이 생길 수 있고 나아가 백내장의 원인이 되기도 한다. 두피와 모발도 자외선에 의해 상태가 나빠질 수 있다. 물 밖에서는 자외선 차단 효과가 있는 선글라스와 모자를 착용하는 것이 좋다.

※ 참고 : www.surfscience.com

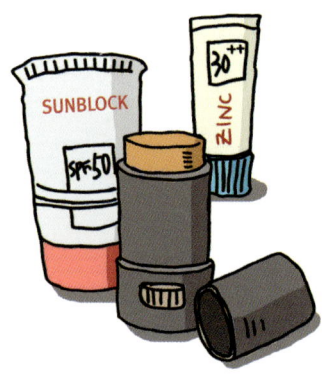

지피지기 백전덜(?)태

파도는 늘 새롭고 매번 다르다

 지피지기 백전불태(知彼知己 百戰不殆). 적을 알고 나를 알면 백 번 싸워도 결코 위태롭지 않다고 했다. 그런데 나는 적도 모르고 내 자신도 잘 모른 채 전쟁터에 나갔다.

 어려서부터 물에 들어가 놀기 시작하면 물밖에 나올 줄 모르고 오랜 시간 즐겁게 놀았기 때문에, 바다는 그저 재미있는 곳이라고만 생각했다. 서핑을 처음 해보던 날도 설레는 마음과 약간의 자신감이 있었다. 물론 험한 꼴 당하며 넘어지기 바빴지만, 그래도 초보는 초보다울 권리가 있고 다음에는 더 나아질 거라며 자신했다.

그런데 서핑을 시작한지 얼마 되지 않아 '용왕님을 만나기에는 아직 너무 이른 나이'라며 눈물의 패들질을 하고 나서야, 바다는 아름답지만 공경하며 두려워해야 하는 곳이라고 생각을 고쳐먹었다.

가을 어느 날, 바닷가 거품 파도에서 신나게 서핑을 하다가 이제 진도 좀 나가볼까 싶어 고수들이 라인업하러 나가는 방파제 옆길을 따라 들어가 보았다. 이상하게도 쉽게 라인업 근처까지 나가게 되어 기분이 상큼했는데, 라인업에서 느긋하게 파도를 기다려 볼 여유도 없이 자꾸 방파제 쪽으로 쓸려 내려가는 것 아닌가! 방파제 위에는 강태공들이 많았고 그 옆은 배도 드나드는 길인데, 뭔가 잘못됐다 싶어 오늘 다시는 이 자리로 오지 말아야지 생각했지만 벗어날 수가 없었다.

처음에는 아무 일 없다는 듯 태연하게 패들하며 라인업으로 돌아가 보려 했으나 약 10초쯤 후에는 패닉 상태에 빠졌다. 처음에는 패들 방법이 틀려 앞으로 안 가나 생각했지만 아무리 잘해보려 해도 제자리 헤엄치기였다. 점점 숨이 차고 힘이 빠져 패들도 못할 것 같은 상태가 되어가고 있었다. 제대로 된 패들 방법이고 뭐고 리시를 풀어 보드는 버리고 몸만 빠져 나가고 싶고, 아예 방파제 위로 기어 올라갈까 싶기도 했다. 지나가는 제트스키라도 있으면 당장 도와달라고 소리치고 싶었지만 한국의 가을 바다에서 제트스키를 찾는 것은 거의 불가능. 결국 어찌할 바를 모른 채 제자리에서 진땀나게 패들질만 했다. 아, 정말 나도 남들처럼 라인업에 껴서 놀고 싶었을 뿐인데, 나만 왜 이렇게 멀리 떠내려가고 있나. 눈물이 날 정도로 외로운 순간이었다. 점점 라인업에서 멀어지고 방파제에 가까워지는가 싶더니 방파제 위 사람들의 대화가 귀에 들어왔다.

"어머! 여자야? 왜 수영을 뒤로 한대? 저거 어쩐대~."
그러자 어떤 아저씨가 강원도 토박이 말투로
"내 오늘 여기서 대어(大魚)를 낚을라나 보드래요~" 한다.

정말 하나도 웃기지 않은 상황인데, 대어라는 얘길 들으니 그 와중에도 큰 낚싯바늘에 걸려 무기력하게 당겨 올려지고, 내 몸에 물감을 발라 어탁(魚拓)을 뜨는 일련의 과정이 머릿속에 그려졌다. 몹쓸 상상력, 저질 집중력. 그런데 아저씨가 자기는 저런 사람 자주 봤다면서 살아나갈 방법을 알려주셨다.
"보소! 내 말 똑데기 들어 보드래요. 그렇게 백날 해봐야 조류가 쎄서 암껏도 안 되드래요. 거기서 보드의 각도를 좀 더 먼 바다 쪽으로 돌려 저~ 뒤로 돌아서 나간다고 생각하고 무조건 열심히 손 저어 보드래요."
못 들은 척, 안 듣는 척, 거기 누가 쳐다보고 있는 거 모르는 척 하고 있었지만, 아저씨 말씀대로 하면 이 상황에서 벗어날 수 있을까 싶어 없는 힘을 쥐어짜 라인업 뒤쪽을 향해 패들했다. 이렇게까지 먼 바다로 나와 본 적도 없는데 어쨌든 방파제로 쓸려 가던 상황에서는 벗어날 수 있었다. 그렇게 빙~ 돌아 겨우 해변에 이르렀다. 일단 살아 나왔다는 점에 감사했지만, 30여 분 동안 도대체 내가 뭘 한 건지 어리둥절했다.

해변에 철퍼덕 주저앉아 놀란 가슴, 지친 몸을 달래고 있는데 그제야 '방파제 근처에는 강한 조류가 흐를 가능성이 높으니 초보들은 그 근처에 가지 말라'는 얘기를 서핑 배우던 첫 날 들은 기억이 났다. 맞아야 아픈 걸 아는 이 미련함을 어쩔 거냐 싶지만, 그래도 더 늦기 전에 조류의 위험성을 알게 되었다는 점에서 다행이었다. '야, 바다 공부 좀 해!' 머리 위를 유유히 나는 갈매기 울음소리가 자동 번역이 되어 귓가를 쳤다.

한 판 즐기고 나오던 로컬 서퍼 한 분이 괜찮은지 물으며 처음에는 다들 그런 경험을 한다고 위로해줬다. 다른 서퍼들은 내가 갔던 지점보다 덜 나아간 지점에서 라인업 쪽으로 각도를 틀어 나왔기 때문에 방파제 쪽으로 흐르는 조류의 영향을 안 받았고, 나는 제대로 된 계산 없이 그냥 가다 보니 조류가 센 지역으로 흘러 들어갔다는 설명이었다. 그럴 때는 조류 방향의 직각 또는 대각선 방향으로 패들해 일단 조류지역을 빠져나가는 것이 중요하다고 했다. 또 파도가 센 날은 조류가 더 세지니 조심해야 하며, 바다에 대해 더 잘 알게 되면 앞으로는 조류의 도움을 받아 라인업에 쉽게 가는 방법도 터득할 수 있을 거라는 등 파도에 관한 다양한 지식을 나눠줬다.

생명의 은인인 낚시꾼 아저씨도 '대어'를 놓친(?) 후 별로 잡을 게 없으셨던지, 일찌감치 짐을 챙겨 내려와 지나가시며 한 마디 거든다.

"담부턴 더 조심하드래요. 근데 또 호랭이 굴에 드가도 정신만 바짝 차리면 된다는 말이 있지 않드래요? 담부턴 너무 놀라지 말드래요."

나름 의연한 척했지만, 역시 내가 물속에서 당황해 우왕좌왕했던 걸 다 아셨나보다. 나도 내가 그렇게 쉽게 당황할지 몰랐다. 뭔가 잘못됐다는 생각이 드니 갑자기 숨이 가빠지고 머릿속이 하애졌다. 누가 쳐다봐주고 있는 상황이라 큰 사고는 나지 않았겠지만, 혼자는 절대 물에 들어가지 않으리라 다짐했다. 강습을 받거나 조언을 들을 때는 전부 처음 듣는 얘기들이어서 신기함에 연신 고개를 끄덕였지만, 제대로 이해를 한 건 바다를 여러 번 더 경험해보고 나서였다. 적을 알고 나를 알면 백 번 싸워도 결코 위태롭지 않다고는 말 못하겠지만 적어도 덜 위태로울 수는 있는 거다.

조류 및 파도를 볼 줄 아는 눈을 키우는 것은 실력 있는 서퍼가 되기 위한 중요한 포인트고, 서핑 전 바다의 상황을 체크하는 것은 필수다. 같은 장소라 하더라도 바람의 세기와 방향, 조수간만의 차, 해저 모양의 변화 등에 따라 수시로 변하는 카멜레온 같은 바다를 마스터한다는 것은 불가능한 일일지 모른다. 그렇기 때문에 기초지식을 갖고 모르는 것은 물어가며, 늘 조심하며 즐기고자 하는 자세를 갖추는 것이 중요하다.

조류에 대처하는 자세

바다에는 보이지 않는 조류(潮流, current)가 흐른다. 이 가운데 가장 위험한 것이 립 커런트(rip current, 이안류)다. 해안으로 밀려왔던 바닷물이 갑자기 먼 바다 쪽으로 빠르게 되돌아가는 흐름을 말한다. 물길의 폭이 좁고 물살의 속도가 빠르며 대개 물 표면이 잔잔하다. 이 흐름에 휩쓸리게 되면 수영에 능숙한 사람도 그 흐름을 거슬러 헤엄쳐 나오기 힘들다. 즉 해변으로 돌아오지 못하고 먼 바다로 떠내려가게 된다.

나도 모르는 사이 내가 조류에 의해 흘러가고 있는 것이 아닌지 확인할 수 있도록 해변의 건물이나 나무 등의 랜드마크를 이용해 내 위치를 확인해가며 서핑하도록 한다.

- 조류에 휩쓸리면 무엇보다 긴장하지 말고 침착해야 한다.
- 조류에 맞서 패들하지 말고 조류 방향에 직각 또는 대각선 방향으로 패들해 조류에서 벗어나는 것이 중요하다. 조류에서 벗어난 후 해변을 향해 헤엄쳐 나오면 된다.
- 힘이 빠져 도저히 못 나오겠다면 더 위험해지기 전에 양손을 머리 위로 들고 크게 흔들어 도움을 청하도록 한다.

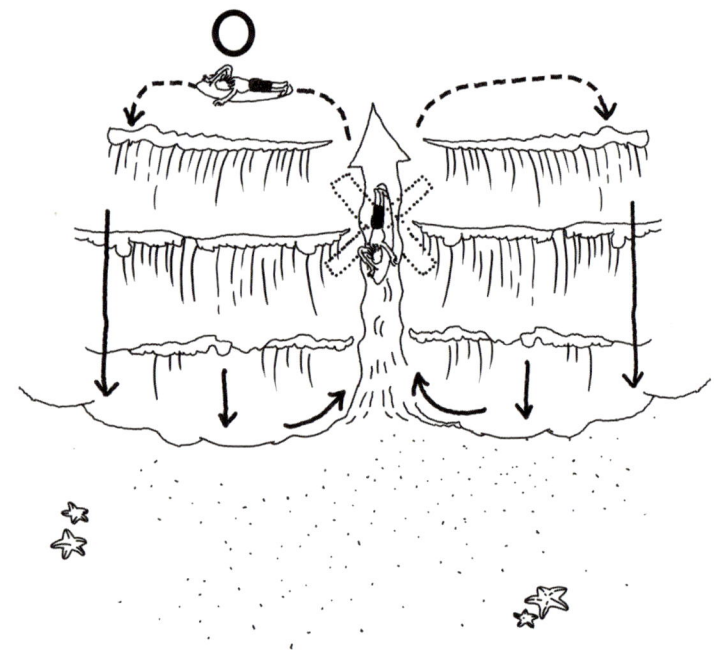

제주 중문해수욕장 비치 브레이크

파도 & 브레이크

먼 바다에서 생긴 파도가 해안가 쪽으로 이동해오다가 수심이 얕아지면 물 밑 부분이 저항을 받아 파도의 경사가 급해지며 부서지게 된다. 이렇게 파도가 깨지는 것을 브레이크(break)라고 하는데, 이 지점이 서핑을 즐기기 좋은 곳이다. 브레이크의 종류에 따라 파도에 어떻게 접근할 것인지, 어떤 라이딩을 할 것인지, 위험요소가 무엇인지가 달라진다.

비치 브레이크(beach break)
해변 방향으로 진행해오다가 해저에 쌓인 모래에 부딪히며 깨지는 파도. 초보가 연습하기에 제일 안전하고 좋다. 모래 바닥의 모양이 변함에 따라 파도가 깨지는 모양도 변한다.

포인트 브레이크(point break)
바위 등으로 돌출된 해안선의 굽은 모양을 따라 부서지는 파도. 긴 라이딩이 가능한 파도가 생기고, 주변에 생기는 물길을 따라 쉽게 라인업할 수 있는 경우가 많다. 그러나 해안 바닥이 돌로 구성된 곳이 많아 조심해야 한다.

리프 브레이크(reef break)
딱딱한 산호초나 암초에 부딪혀 부서지는 파도. 바닥이 딱딱하고 날카로워 잘못 넘어지면 위험하다. 물이 많이 빠진 간조 때 더욱 조심해야 한다. 초보에게는 위험하지만 실력자에게는 좋은 파도를 제공한다.

쇼어 브레이크(shore break)
해변 앞에서 부서지는 파도. 바닥이 너무 낮아 위험할 수 있다.

웨트수트를 입다
사계절 서핑을 불러온 '혁명'

가을로 접어들자 슬슬 수온이 낮아지기 시작했다. 여름에 입던 래시 가드와 보드 쇼츠는 집어넣고 이제 웨트수트(wetsuit)를 입어야 할 때가 됐다. 그때까지 추운 바다를 경험해 본 적이 없던 터라 웨트수트가 있을 리 없었다. 대부분의 서핑스쿨이 웨트수트를 대여해 주기 때문에 반드시 구입할 필요는 없지만, 서핑스쿨에 구비되어 있는 웨트수트가 내게 잘 맞을지 걱정도 되고 또 잘 타보겠다는 마음이 활활 타올랐던지라 당장 사야겠다는 생각뿐이었다.

내일부터 추석 연휴이고 연휴 동안 바다에 갈 생각을 하고 있었는데 어영부영하다 보니 아직 웨트수트를 못 샀다. 추위를 별로 타지 않기 때문에 그냥 래시 가드와 보드 쇼츠로 버텨 볼까 생각도 했지만 연휴 동안 전국적으로 기온이 떨어진다는 날씨 예보에 마음이 급해졌다. 웨트수트를 구입할 수 있는 시간은 오늘 퇴근 후가 유일했다.

점심시간에 어디서 수트를 살 수 있을지 인터넷 검색을 하고 전화로 사이즈가 있는지 문의해 본 후 퇴근길에 숍에 들렀다. 평소 스타킹은커녕 레깅스도 잘 신지 않던 나였지만 웨트수트 입기에는 거침이 없었다.

어둑해질 무렵 도착한 숍, 대충 하나 골라 구입하고 나오려는데, 서핑 경험이 많은 듯한 판매원이 처음 입어보는 것이면 적어도 두세 개는 입어보고 더 편한 것을 구입하는 것이 좋다며 여러 제품을 보여줬다. 너무 꽉 맞는 것을 사면 움직이기 불편할 뿐만 아니라 시간이 지나면서 이음새가 터지거나 마찰이 많은 부분에 구멍이 나기 쉽고, 너무 헐렁한 것을 사면 동작이 둔해질 수 있어 좋지 않다는 것이다. 기능적인 면은 생각도 않고 예쁘고 저렴한 것으로 사겠다고 생각했던 속마음을 들킬까봐 조용히 권하는 대로 했다.

생각해보면 웨트수트의 발명은 서핑에서 혁명이나 같은 일이다. 작열하는 태양 아래서만 할 수 있던 스포츠를 사계절 즐길 수 있는 스포츠로 바꿔 놓았으니 말이다.

1951년 네오프렌(neoprene)이라는, 미세한 공기방울들을 머금고 있는 합성고무 원단이 개발된 것이 계기가 되었다. 네오프렌은 보온성과 탄력성이 좋고 가벼우며 잘 찢어지지 않는 성질이라 서핑용 웨트수트의 재질로 제격이다. 네오프렌이 개발되기 전, 겨울철 찬물에서도 서핑을 하고 싶었던 서퍼들은 울 스웨터를 기름에 적셔 방수효과를 낼 수 있도록 해보기도 하고 해군용 방수 스웨터를 입어 보는 등 다양한 시도를 해봤지만 별 효과가 없거나 짧은 시간만 효과가 있는 정도였다고 한다.

그런데 이제는 겨울용 웨트수트와 후드, 부츠, 장갑만 있으면 알래스카의 빙하 옆에서도 서핑을 할 수 있는 시대다. 심지어 서핑용 발열 조끼와 발열 크림까지도 개발되어 있으니 겨울을 두려워할 이유가 없어졌다. 웨트수트를 처음 제작하여 판매하기 시작한 오닐(O'Neill) 사의 초창기 슬로건처럼 장비만 잘 갖추면 '속은 항상 여름(It's always summer inside)'일 수 있으니까.

 추석 연휴를 앞두고 모두가 고향 길에 오르거나 음식을 장만하며 가족 모임을 준비할 때 나는 그렇게 웨트수트를 구입했다. 집에 와서는 해녀로 빙의된 듯 "이어도 사나~ 어이~ 어이~" 노래를 부르며 혼자 패션쇼를 했다. 웨트수트를 입으니 갑자기 돌고래 급으로 파도를 잘 타는 사람이라도 된 양 의기가 하늘을 찔렀다.

이런 옷 입어요~

래시 가드와 보드 쇼츠

래시 가드(rash guard)
탄력성이 좋고 가벼운 라이크라 천으로 만들어진 상의로, 자외선을 막고 피부 쓸림을 방지해준다. 보온 효과가 크지는 않지만 추운 날 웨트수트 안에 입으면 보온에 보탬이 될 수 있다.

래시 가드

보드 쇼츠(board shorts)
흔히 우리나라에서 웨이크 바지로 불리던 바지의 정식명칭으로, 폴리에스테르와 나일론, 폴리우레탄 등의 합성섬유로 되어 있다. 물이 잘 흡수되지 않아 금방 건조되고, 모래 같은 이물질이 쉽게 떨어진다.

보드 쇼츠

웨트수트 구입법

웨트수트는 두께나 모양에 따라 종류가 다양하다. 웨트수트를 입는다고 해서 완전 방수가 되는 것은 아니고, 수트 안으로 들어온 약간의 물을 체온이 데워줘 체온 저하를 막는 원리이다.
체온 유지 외에 자외선 차단, 암초나 핀 또는 해파리 등에 의한 부상 방지에도 도움이 된다. 두께는 3/2mm, 4/3mm, 5/4mm, 5/4/3mm, 6/5/4mm 등으로 표시된다. 예를 들어 3/2mm라면, 운동량이 많은 어깨와 팔 부분은 2mm 두께의 네오프렌으로, 다리와 몸통은 3mm의 네오프렌으로 되어 있음을 의미한다. 보통 지퍼는 뒷면 또는 가슴 부분에 있고, 없는 것도 있다. 제조사나 국가에 따라 사이즈 표시에 차이가 있기 때문에 입어보고 구입하는 것이 안전하다. 몸에 밀착되면서도 움직임에 불편이 없는 것이 좋다. 보통 한국에서는 날씨가 쌀쌀해지기 시작하는 초가을부터 3/2mm 웨트수트를 입기 시작하여 겨울에는 5/4mm, 6/5/4mm의 웨트수트를 입고 후드 · 부츠 · 장갑을 착용한다. 기온은 오르지만 수온은 여전히 차가운 봄이나 초여름까지 웨트수트를 입는다.
네오프렌이 검정색이기 때문에 검정색 웨트수트가 많으나 요즘은 컬러가 들어간, 패션을 강조한 웨트수트들도 많아졌다.

웨트수트 관리법

웨트수트는 연질의 네오프렌으로 되어 있다 보니 시간이 지남에 따라 마모되기 쉬워 관리를 잘해야 한다.

- 깨끗하고 미지근한 물에 15분 이상 충분히 담가 소금기를 뺀다.
- 염소제거제가 함유된 웨트수트 전용 샴푸를 사용하는 것이 좋다.
- 너무 뜨거운 물로 세척하면 네오프렌이 약해지고 접합 부위가 벌어질 수 있다.
- 두꺼운 옷걸이에 걸어 그늘에서 말린다. 직사광선 아래서는 웨트수트의 모양이 변형될 수 있다.
- 망가졌으면 바로 고쳐야 한다. 찢어진 부위가 작으면 웨트수트 전용 접착제로 쉽게 수선할 수 있다.
- 입고 벗을 때 손톱에 의해 찢기지 않도록 조심한다. 의외로 손톱에 의해 망가지는 경우가 흔하다.

웨트수트를 입은 채 소변을?

웨트수트를 입고 벗는 것은 상당히 귀찮은 일이다. 특히 추운 날이나 좋은 파도가 계속 밀려오고 있을 때, 화장실이 멀 때는 물속에 실례(?)를 하고 싶어질 수 있는데……. 외국 서퍼들의 커뮤니티 사이트에서 본 의견들은 아래와 같다. 진실이 무엇인지는, 패스!

"추운 날 웨트수트 안을 잠시나마 '나만의 온천'으로 만들 수 있다."
"드라이수트(drysuit, 완전방수 수트)에서는 경험할 수 없는 웨트수트만의 장점이다."
"90%의 서퍼나 다이버가 그렇게 한다. 그리고 나머지 10%는 거짓말을 한다."
"내가 웨트수트 전용샴푸를 이용하는 이유다."
"나는 그렇게 하지만 다른 서퍼들은 그렇게 하지 않으면 좋겠다."

오프쇼어에 더블 오버헤드?
서퍼들에겐 특유의 언어가 있다

처음 서핑을 하려고 바다에 갔던 날, 이런 대화를 들었다.
"가슴 사이즈의 예쁜 파도가 세트로 쭉쭉 들어오더니……"
(뭐라고? 가슴 사이즈? C컵? D컵? 그것도 세트로??)
"오후 되니까 더 커져서 숄더에 매달려 작은 애들만 탔지 뭐."
(응? 그럼 E컵? 그 언니 어깨에 매달려?)
"해질 때쯤 되니 말랑해지더라."
(앗, 물컹물컹, 해석 중단, 상상 금지.)

아무래도 지난 주 어디 다른 데서 서핑을 하고 온 얘기를 하는 것 같았는데 용어가 영 낯설었다. 제대로 해석하지 못하는 건 당연했지만 머릿속에 자꾸 이상한 그림이 그려져 혼자 쑥스러웠다.

서핑의 세계에는 일반인들이 쉽게 알아듣지 못하는 다양한 용어 및 표현들이 있다. 그 중 일부는 학습을 통해 쉽게 배울 수 있지만, 파도의 상태나 기술의 느낌 등을 표현하는 용어는 서핑 경험이 쌓여야 제대로 감을 잡을 수 있다.

예를 들어 파도의 면이 매끄럽고 좋을 때는 '글라씨(glassy)' 또는 '클린(clean)'하다고 말하고, 반대로 울퉁불퉁 하고 지저분할 때는 '차피(choppy)' 또는 '메씨(messy)'하다고 말하는데, 글라씨와 클린, 차피와 메씨의 미묘한 차이를 눈으로 보지 않고 글로 익히기란 쉽지 않다.

또한 많은 서퍼들이 서핑 트립이나 대회 등을 통해 국제적으로 왕성하게 교류하기 때문에 각 국가 고유의 표현을 공유하는 경우가 많다. 예를 들어 서핑의 본고장으로 알려진 하와이의 말인 '마할로(mahalo, 고맙습니다)'나 '알로하(aloha, 만나거나 헤어질 때 '안녕'과 비슷한 뜻으로 쓰는 인사말)', 그리고 서핑하기 좋은 해변이 많아 '서핑 천국'으로 불리는 발리의 영향으로 인도네시아 말인 '바구스(bagus, 좋다)' 등도 국적을 떠나 자주 사용한다.

물론 서퍼라고 해서 이런 표현을 다 써야 하는 것은 아니다. 그러나 무슨 뜻인지 알아들을 수 있어야 상황을 이해하고 대화에도 낄 수 있다. 오늘 파도가 '오프쇼어(offshore)에 더블 오버헤드(double overhead)'라며 상급자가 좋아한다 해도 초보자가 덩달아 좋아할 일은 아니다. 파도가 깨끗할 수는 있지만 초보자가 타기에는 너무 큰 파도이기 때문이다. 따라서 이렇게 용어를 익히는 것도 서핑을 배워나가는 하나의 중요한 부분이 된다.

　위의 '가슴 사이즈'는 가슴의 크기가 아니라 사람의 키를 기준으로 볼 때 '가슴 높이'를 의미하는 것임을 나중에 알았다. 키를 약 6피트(약 180cm)라고 할 때 가슴 사이즈 파도의 높이는 3~4피트(90~120cm) 정도인 것이다.

　파도의 높이를 나타내는 표현이 세계적으로 다 같은 것도 아니라서, 본인이 주로 서핑하는 지역의 기준을 아는 것이 중요하다. 우리나라에서는 파도 정면(face)을 보고 높이를 말하고, 하와이에서는 뒷면(back)의 높이로 파도 사이즈를 얘기한다. 파도 뒷면의 높이보다 정면이 2배 가량 높다고 하니, 하와이에서 3피트는 우리나라 기준으로는 6피트쯤 되는 오버헤드 높이의 파도라고 할 수 있다.

　파도의 모양을 표현하는 말도 다양하다. '숄더에 매달렸다'라는 표현은 파도가 커져서 제일 높은 립(lip) 근처에는 가지 못하고 그보다 낮은 곳에서 라이딩을 했다는 이야기이고, '말랑해졌다'라는 표현은 말 그대로 세기가 좀 약해져 부담스럽지 않은 파도가 되었다는 정도로 이해할 수 있다.

　한국말로 바꿔 쓰면 편할 것 같지만, 많은 서퍼들이 좋은 파도를 찾아 해외 서핑 트립을 다니고 실시간으로 외국 경기를 즐기는 등 본인이 사는 곳보다 훨씬 더 넓은 세상을 무대 삼아 살고 있다 보니 서핑 본고장의 용어들을 큰

저항감 없이 쓰게 된 것 같다.

생각만 해도 속이 안 좋아지지만, '터틀 롤'이라는 말을 처음 들었을 때는 흡사 캘리포니아롤처럼 거북이를 초밥 위에 올린 스시를 잠깐 떠올렸다. 이런 용어를 다 한국말로 바꾸기도 쉽지 않아 보인다. 거북이가 어떻게 구르는지 전혀 감이 안 잡히는 마당에 '터틀 롤' 대신 한국말로 '거북이 구르기'라고 바꿔도 어려운 표현이긴 마찬가지일 테니.

그렇다고 우리만의 표현이 전혀 없는 것은 아니다. 아주 적절하게 상황과 맞아 떨어져 느낌이 팍 오는 표현들은 동해, 부산, 제주 등 한 지역에 국한되지 않고 한국 서퍼들 사이에 널리 통용되는 은어로 자리 잡았다. 비속어 느낌이 나는 표현도 있지만 몇 가지 소개한다면 장판(파도가 없이 평평한 바다), 목욕탕(라인업이 서퍼들로 가득 차 붐비는 상태), 핀 빵(핀에 의해 다침) 등이 그것.

한국 서퍼들이 많아지고 역사가 쌓여 갈수록 한국어만의 감칠맛이 느껴지는 재미있는 표현들이 더 많이 생겨나지 않을까 기대한다. 혹시 한국 서퍼들이 세계적으로 유명해진다면 '목욕탕'이라는 우리의 표현이 전 세계 서퍼들의 공용어가 될지도. 그때쯤 되면 한국의 목욕·온천업계가 서핑대회의 스폰서로 나설지도 모를 일이다.

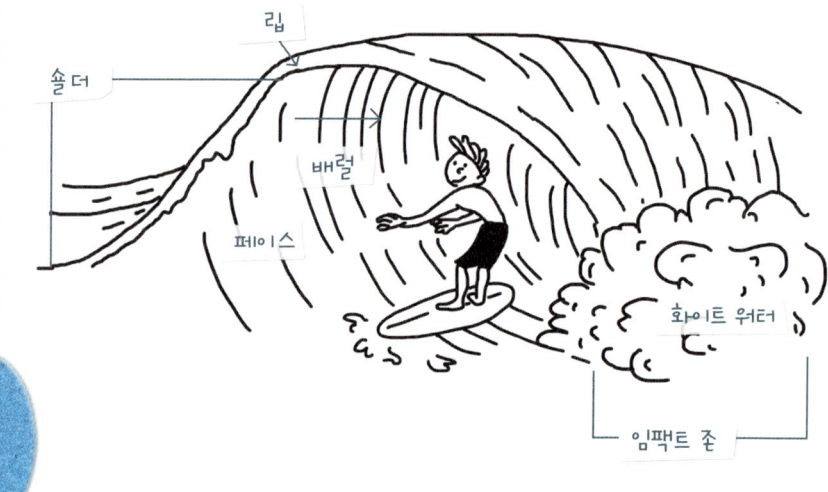
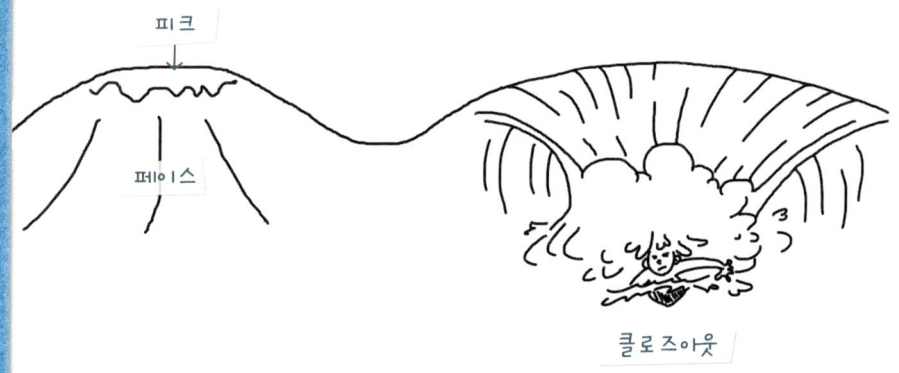

파도 & 바람 용어

피크(peak) 파도가 부서지기 시작하는 부분 = 탑(top)
립(lip) 부서지기 시작하는 파도의 가장 윗부분
페이스(face) 부서지지 않은 파도의 경사면으로, 서핑을 할 수 있는 부분.
숄더(shoulder) 페이스의 제일 높은 부분부터 먼 부분. 숄더가 길수록 길게 라이딩하기 좋다.
배럴(barrel) 파도의 립과 페이스 사이 터널같이 생긴 공간 = 튜브(tube).
그린 룸(green room).
화이트 워터(white water) 파도가 완전히 부서져 흰 거품이 된 부분 = 수프(soup).
거품 파도.
임팩트 존(impact zone) 파도가 부서져 떨어지는 해면의 부분. 서퍼는 이 부분의 파도에 갇히지 않도록 피해야 한다.
클로즈아웃(closeout) 파도가 피크부터 천천히 부서지지 않고 한꺼번에 동시에 부서져 덮치는 것 = 덤핑(dumping)
인사이드(inside) 파도가 깨지는 곳에서 해변 쪽의 지점
아웃사이드(outside) 파도가 깨지는 곳의 바깥쪽. 때로는 뒤에서 더 큰 파도가 오는 것을 알리기 위해 "아웃사이드"라고 외치기도 한다.
필링(peeling) 파도가 한 방향 혹은 양 방향으로 서서히 부서지는 것. 서핑하기 좋은 상태.
에이-프레임(A-frame) 파도가 A자 모양으로 섰다가 좌우 양쪽으로 동시에 균일하게 부서져 나가는, 서핑하기 최적의 파도.
레프트-핸더(left-hander) 서퍼가 볼 때 피크부터 왼쪽으로 부서지는 파도(해변에서 볼 때는 오른쪽으로 부서짐)
라이트-핸더(right-hander) 서퍼가 볼 때 피크부터 오른쪽으로 부서지는 파도(해변에서 볼 때는 왼쪽으로 부서짐)
오프쇼어(offshore) 육지에서 바다 방향으로 부는 바람. 파도 정면으로 맞바람이 불어 파도의 면이 오랫동안 서있을 수 있도록 해 서핑하기 좋은 상태를 만든다.
온쇼어(onshore) 바다에서 육지로 부는 바람. 바람이 파도의 뒷면을 밀어 금방 무너지게 해 서핑하기 어려운 상태를 만든다.
세트(set) 일정한 간격을 두고 그룹으로 밀려오는 파도

롱보드 vs. 쇼트보드
서프보드, 누구냐 넌!

 서핑을 몇 번 해보고서는 어차피 앞으로 열혈 서퍼가 되고자 하니(의지 불끈!) 내 장비를 마련해야겠다고 생각했다. 그래서 여러 사람을 붙잡고 어떤 것을 사면 좋을지 물었는데 돌아오는 대답은 비슷했다.
 "아직 몇 번 안 타보셨으면 이것저것 타보고 나중에 사세요."
 당장 나는 카드(아마도 할부)를 긁을 마음의 준비를 마쳤는데 심지어 서프숍의 사장님들까지도 천천히 사라고 한다. 살짝 김은 빠졌지만 한편으로는 당장 큰 돈 안 써도 되니 안도가 되기도 했다.

다들 만류하는 이유는 이렇다. 초보자들의 경우는 보통 부력이 좋아 파도를 잡기 쉬운 롱보드(longboard)로 연습하기 시작하는데, 적응도가 빠른 경우는 빠르게 쇼트보드(shortboard)로 넘어갈 수도 있고 아닌 경우는 처음 탔던 롱보드보다 조금 더 긴 보드로 연습하는 것이 좋을 수 있으니 자신의 스타일을 알고 천천히 구매해야 후회하지 않는다는 것이다. 아마도 자신과 맞지 않는 보드를 구매해 재미없고 괴로운 라이딩을 하거나 금세 낮은 가격에 되팔아 버리는 사람들을 많이 만나본 듯했다.

충고를 받아들여 일단 익숙해질 때까지 서프보드를 대여해 타자고 마음먹었다. 그런데 정말 바다를 경험하면 할수록 내가 충동구매를 하지 않게 도와준 분들께 감사하는 마음이 들었다. 나의 운동 능력을 파악하는 데는 오래 걸리지 않았지만, 파도의 상태에 따라 같은 보드를 타더라도 큰 차이가 있어서 어떤 날은 잘 탈 수 있었고 어떤 날은 의미 없이 체력만 소진했다. 그리고 생각했던 것보다 보드의 종류는 훨씬 다양했다!

서프보드는 수입품이 많아 서양의 기준대로 길이를 '피트(1ft=약 30cm)'와 '인치(1in=약 2.5cm)'로 얘기하는데 1피트는 12인치로, 6피트 7인치의 길이는 6′7″로 표기한다. 6′7″의 길이면 거의 2m이니 엄청 길다. 그런데 초보자가 타기에는 짧다. 분명 초보자가 짧은 보드를 타면 하루 종일 아무 파도도 못 잡고 흔들리고 가라앉기만 할 거라고 수차례 얘기를 들었음에도 불구하고 '진짜 그럴까?' 하며 친구의 6′7″ 쇼트보드를 빌려 한번 타보았던 것은 좋은 경험이 되었다. 서프숍 온라인 사이트에서 보고 마음속 장바구니에 담아두었던 7′2″ 길이의 늘씬하고 가벼운 여성용 펀보드(funboard)와 6′4″ 길이의 피시 보드(fish board) 따위는 그날 바로 마음속에서 지워버렸다. 그래도 그렇게 자꾸 짧은 보드에 눈이 갔던 건 롱보드에 비해 가지고 다니기 편한 쇼트보드를 얼른 소유하고 싶다는 간절한 로망 때문이었던 것 같다. 그러려면 실력을 키우는 수밖에!

서핑 입문자는 소프트 서프보드(soft surfboard)나 롱보드로 시작하게 된다. 부력이 뛰어나 안정적이고, 무릎 높이 정도의 작은 파도에서 즐기기 좋다. 그렇게 파도 잡는 감을 익히고 다양한 파도를 경험해 보고 난 후 다른 보드들을 이용해 보며 자신에게 맞는 보드를 찾아가야 한다.

소프트 서프보드는 가볍고 부드러운 폴리우레탄 재질로 되어 있다. 핀 또한 부드럽고 유연한 소재의 것을 사용하는 경우가 많아서 딱딱한 롱보드에 비해 부상의 위험이 적다. 서핑의 맛을 느끼고 자신감을 갖도록 해주는, 초보자에게 딱 좋은 보드다.

서프보드를 구입하기 전에 고려해야 할 요소는 여러 가지다. 기능을 살피기 전 화려한 색상이나 무늬에 반해 이성이 흐려져서는 안 된다. 가장 기본적으로 고려해야 할 점은 자신의 키, 체중, 운동신경과 보드의 길이, 넓이, 두께 등이다. 체중이 많이 나갈수록 부력 좋은 보드를 골라야 하는데, 폭이 넓고 두께가 있을수록 부력이 좋고 물 위에서 흔들림이 적어 안정적이다. 그러나 부력이 좋은 보드는 빠르게 회전하거나 에어(air, 파도 위 공중으로 점프하는 것) 등의 기술을 하는 데에는 적합하지 않다. 실력이 쌓이면 테일, 노즈, 바텀, 레일의 모양, 핀의 모양과 구성 등도 고려해 보드를 정하게 된다. 타고자 하는 파도가 어떤 파도인지 생각해 보는 것도 필요하다. 부드럽게 들어오는 파도에서 느긋한 라이딩을 즐기고 싶다면서 짧은 보드를 구입해 고생할 필요는 없으니까.

아무튼 이놈의 판때기, 섹시하다고만 생각했는데 참으로 과학적이고도 복잡한 물건이다!

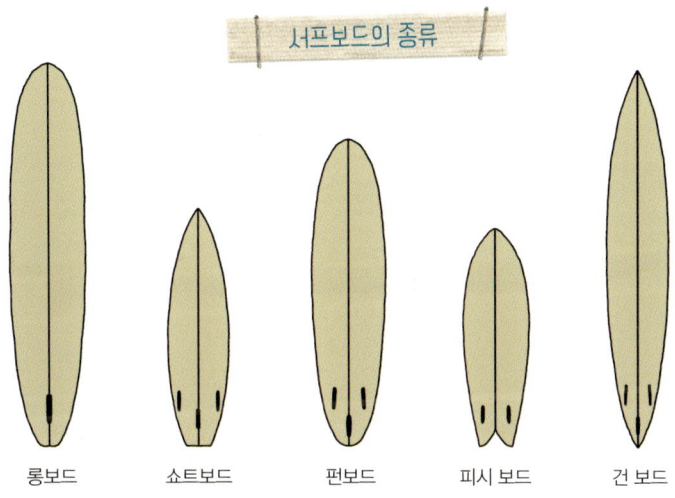

서프보드의 종류

| 롱보드 | 쇼트보드 | 펀보드 | 피시 보드 | 건 보드 |

서프보드의 종류는 아주 다양하다. 디자인의 미세한 차이가 라이딩에 큰 영향을 미치기도 하기 때문에 본인에게 딱 맞는 보드를 맞춤 제작하기도 한다.

롱보드(longboard) 길이가 보통 8´~10´로 길고 너비가 넓다. 노즈는 둥근 형태이고, 부력이 좋아 작은 파도에서도 라이딩이 가능하고 안정성이 뛰어나다.

쇼트보드(shortboard) 보드의 노즈 부분이 뾰족하고 길이는 5´11˝~6´5˝ 정도이며 너비가 좁다. 롱보드에 비해 안정성은 떨어지나 턴이나 에어 등 퍼포먼스를 하기에 좋다.

펀보드(funboard) 롱보드와 쇼트보드의 하이브리드 형태다. 길이는 7´~8´ 정도로 롱보드보다 짧지만 쇼트보드보다는 안정성이 우수해 라이딩하기 쉽고, 롱보드보다는 파도에 빠르게 반응해 다양한 기술을 연습할 수 있다.

피시 보드(fish board) 노즈가 둥글고 두께가 두꺼워 파도가 작은 날에 타기 적합한 쇼트보드로, 기교와 턴을 하기 좋도록 테일 모양이 제비 꼬리처럼 생겼다. 수준급 서퍼들도 파도 작은 날을 대비해 하나쯤 가지고 있는 보드다.

건 보드(gun board) 크고 경사가 급한 파도를 타기 위해 고안된 보드로, 노즈와 테일의 형태가 뾰족하고 쇼트보드보다 두껍다. 노즈 부분이 위로 들리게 굴곡이 있어 노즈가 파도 면에 꽂히지 않고 파도를 타고 내려갈 수 있다. 길이는 7´~12´ 정도로, 큰 파도가 생기는 외국의 일부 해변에서 이용한다.

로커와 레일

로커(rocker)는 서프보드의 노즈와 테일의 구부러짐을 말하는 것으로, 속도와 회전성에 영향을 미친다. 로커가 강해지면(보통 노즈가 위로 많이 올라간 상태) 속도는 줄지만 빠르게 회전하기는 좋아진다. 초보자에게는 가능한 한 덜 구부러져 평평한 것이 좋다.

노즈 로커

테일 로커

레일(rail)은 턴을 할 때 물에 반응하는 정도에 영향을 미친다. 부드러운 레일(soft rail)은 물에 빠르게 반응하지 않아 그만큼 안정적이고, 각이 진 레일(hard rail)은 물에 빠르게 반응하는 만큼 안정성은 떨어지지만 퍼포먼스를 하기에는 좋다. 초보자에게는 부드러운 레일이 적합하다.

소프트 레일　　　　　하드 레일

핀의 기능

핀(fin)은 라이딩 시 안정감과 직진성, 움직임 등에 직접적인 영향을 미치는 요소로서 모양, 재료, 크기 등에 따라 종류가 다양하다. 대체로 핀이 클수록 안정성이 높고 작을수록 퍼포먼스하기에 좋다. 탈부착이 가능한 핀과 보드에 고정해 쓰는 핀이 있다.

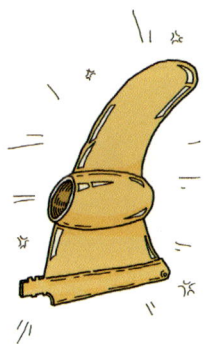

반갑다, 터보야!
스피디하면서도 부드러운 턴과 안정성 있는 라이딩을 가능하게 해준다는
터보 터널 핀(Turbo Tunnel Fin)을 선물 받았다.
한동안 재미있게 놀 수 있을 것 같아 신난다!

캘리포니아 샌프란시스코에서 서퍼 카이 레니 ©Balazs Gardi/Red Bull

노 젓는 아저씨
바다는 행복한 놀이터

2011년 봄, 오랜만에 좋은 파도가 들어온다는 소식에 일요일 아침 당일치기로 바다를 찾았다. 열심히 달려 아침 8시쯤 바다에 도착했는데, 이미 많은 서퍼들이 바다를 꽉 메우고 있어서 놀랐다. 롱보드와 쇼트보드를 타는 서퍼들 외에 카약 서핑을 하는 분들과 보드 위에 서서 노를 저으며 서핑을 하는 분들도 바다의 한쪽 편에서 신나게 파도를 즐기고 있었다. 여기가 한국이 맞나 싶을 정도로 생경한 광경이었다. 여러 동호회 회원들이 단체로 온 것 같았는데, 곳곳에서 파도를 나눠 타며 저마다 열심인 모습을 보며 건강한 아름다움을 느꼈다.

서핑을 파도의 면을 타고 미끄러지며 그 위에서 다양한 기교를 즐기는 스포츠라고 정의하면, 사실 서핑의 종류는 다양하다. 그 중 세계적으로 인기를 더해가고 있는 SUP 서핑(Stand Up Paddle surfing)이라는 것이 있다. 보드 위에 서서 노를 저으며 서핑하는 것, 그것이 SUP 서핑이다.

바다에 갔을 때 종종 SUP 서핑을 즐기는 외국인 아저씨를 보았다. 처음에는 저 먼 바다에 나가 보드 위에 서서 대체 뭘 하는 건지 신기하게만 쳐다봤지 그것이 서핑의 일종이라고는 생각하지 못했다. 출렁이는 물 위의 보드에서 있으면 금방 넘어질 것 같은데도 넘어지기는커녕 더 넓은 영역의 바다를 누비며 유려하게 파도를 타는 모습이 멋있었다. 직접 타보면 느낌이 어떨지 매우 궁금했다.

그러던 즈음, 2011년 6월 열린 부산광역시장배 국제서핑대회 현장에서 SUP 서핑을 체험해볼 수 있었다. 원래는 경기가 한창 치러져야 할 날이었지만 당일 파도가 잔잔해서 더 나은 파도가 예상되는 다음날로 경기가 미뤄져 다들 자유롭게 시간을 보내고 있었다.

SUP 서핑은 1960년대에 하와이 와이키키 해변의 서핑 강사들이 바다에서 학생들 사진을 찍어주기 위해 노를 들고 보드를 타기 시작한 데에서 유래했다고 한다. 더 넓은 시야로 바다를 볼 수 있고, 파도가 없을 때도 즐길 수 있다는 점이 큰 매력이다. 보드의 길이는 보통 9´ 이상이고 일반 서프보드보다 훨씬 두툼하다.

강사의 가르침에 따라 한 손에는 SUP 보드를 들고 다른 한 손에는 노를 들고 바다로 들어갔으나, 흔들리는 보드에 올라서는 것부터 쉽지 않았다. 그래서 우선 보드 위에 무릎 꿇고 앉아 노를 저어 나갔다. 노질을 몇 번밖에 하지 않았다고 생각했는데 고개를 돌려보니 신기하게도 해변에서 너무 멀리 나와 있었다. 강사가 지켜보고 있고 파도가 약했기 때문에 위험하지는 않았지만 혹여 해양경찰까지 신경 쓰게 할까봐 서둘러 해변 쪽으로 조금 돌아왔다. 돌아오는 동안에도 계속 무릎을 꿇고 있었더니 슬슬 다리에 쥐가 나기 시작했다. 평소 방바닥 걸레질이라도 했더라면 괜찮았을지 모르지만 그렇게 무릎을 꿇어본 게 얼마만인지······. 그래서 보드 위에서 일어서 보았다. 몇 번은 물에 빠지고 또 보드 위로 낑낑대고 기어 올라가기를 반복하며 한 시간 남짓 SUP 서핑을 하고 나니 가만히 서있기만 해도 다리가 후들거리고, 쌀쌀해서 입었던 3/2mm 웨트수트를 벗어 던지고 싶을 정도로 땀이 났다. 양손으로 노를 잡고 보드의 왼쪽, 오른쪽 물살을 가르는 동작을 통해 팔과 상체가 단련됨은 물론이고, 균형을 잡으려 노력하는 것만으로도 다리와 코어(등, 복부, 엉덩이, 골반) 근육이 많이 강화된다는 것을 느낄 수 있었다.

해변에서 바라보던 친구들은 SUP 서핑하는 모습이 빗자루로 마당 쓰는 모습과 비슷해 "비질 잘했냐?"며 자기 방 청소도 부탁한다고 농담을 던졌지만, 일어선 채로 바다 위를 돌아다니며 서핑을 하는 것은 팔로 패들을 해 서프보드를 타는 것과는 또 다른 재미가 있었다. 특히 파도가 없을 때도 SUP 서핑은 할 수 있으니, 매일 아침 떠오르는 태양 아래서 물과 바람 그리고 새들의 소리를 들으며 SUP 서핑으로 하루를 시작할 수 있다면 얼마나 낭만적일지……. 러닝머신 위에서 복잡한 세상 소식 들으며 하루를 여는 것보다는 훨씬 상쾌하지 않을까?

기회가 된다면 다른 서핑도 체험해 보고 싶다. 바다에서 하는 카약, 카이트, 윈드서핑도 분명 새로운 맛일 것 같다. 그러다 피곤하면 적당히 널브러져 휴식도 취할 수 있는 바다. 바다가 얼마나 좋은 놀이터인지 이제라도 알게 되어서 다행이다.

서핑의 종류

1 바디 서핑(body surfing) : 서프보드와 같은 다른 장비 없이 신체의 어깨와 가슴을 이용해 파도의 면을 탄다.

2 바디 보딩(body boarding) : 바디 보드(body board) 또는 부기 보드(boogie board)라고 불리는 폼으로 만들어진 짧은 보드를 타고 서핑한다. 흔히 오리발이라고 불리는 스윔 핀(swim fin)을 착용해 추진력을 더한다.

3 스킴 보딩(skim boarding) : 핀이 없는 보드를 가지고 해안가에 밀려오는 파도 위에 보드를 던져 미끄러지듯 탄다. 다양한 기술을 시도할 수 있다.

4 카약 서핑(kayak surfing) : 카약을 타고 노를 이용해 파도를 탄다.

5 카이트 서핑(kite surfing) : 패러글라이딩 기구와 같은 대형 연(카이트)을 공중에 띄워 바람의 힘을 받아 서핑을 한다.

6 윈드서핑(windsurfing) : 보드 위에 돛을 세워 바람의 힘을 이용해 서핑한다.

7 토-인 서핑(tow-in surfing) : 주로 큰 파도를 탈 때 제트스키를 이용해 파도에 접근해 서핑하는 방법으로, 제트스키 운전자와 서퍼가 협업한다.

8 하이드로포일 서핑(hydrofoil surfing) : 서프보드 아래 수중날개와 같은 핀을 부착해 서핑한다. 속도가 붙으면서 서프보드 자체가 물 위로 떠오르게 된다.

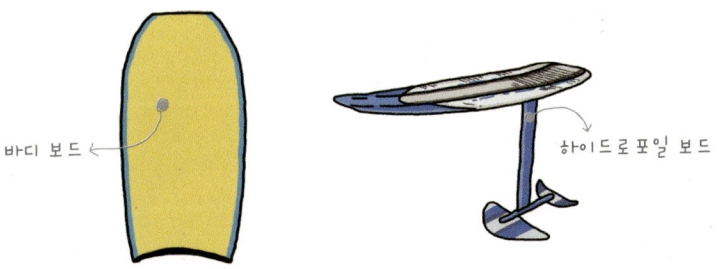

바디 보드 ←   → 하이드로포일 보드

강원도 양양 기사문해수욕장에서 서퍼 멜 빈 ©Shannon Aston

세탁기를 경험하다
부 · 상 · 주 · 의

서핑에는 '세탁기를 경험하다(washing machine experience)'라는 표현이 있다. 테이크 오프나 라이딩에 실패해 파도에 휘말려 물속에서 어느 방향으로 몇 바퀴를 어떻게 도는지도 모르게 감기게 되는 것을 말한다. 드럼세탁기 방식인지 통돌이세탁기 방식인지 알 겨를도 없이 마구 구르게 된다. 겪지 않을 수 있다면 좋겠지만 서퍼라면 누구나 겪게 되는 통과의례 같은 일이다.

어깨 높이 정도의 파도가 깨끗하게 부서지던 날이었다. 남들이 신나 하기에 덩달아 기뻐하며 물에 들어갔는데, 물 밖에서 볼 때보다 훨씬 거대하게 부서지는 파도에 겁이 덜컥 났다. 파도 귀신이 나를 우걱우걱 먹어버릴 것 같았다. 잘 타는 지인에게 물어보니 괜찮을 거라고, 대신 테이크 오프를 좀 빨리

해보라고 하기에 일단 입수를 했다. 그런데 아니나 다를까, 테이크 오프를 하는 족족 노즈가 물에 꽂혀 그야말로 온 몸으로 입수를 하는 상황이 되었다. 몇 번은 얼렁뚱땅 테이크 오프에 성공했지만 그 외의 몇 번은 제대로 세탁기 도는 경험을 했다. 이러다 크게 다칠 수도 있겠다는 생각이 들었다.

한번은 패들을 몇 번 하기도 전, 파도가 보드 뒷부분을 세게 치더니 테일이 급격히 곤두서, 물구나무를 서다 뒤로 넘어간 꼴로 고꾸라졌다. '망했다'는 생각과 함께 어찌할 겨를 없이 물속에서 열심히 구르다가 모랫바닥에 광대뼈를 한 번 쿵 박고 얕은 물로 쓸려 나왔다.

이런 순간은 우아하고 고상한 것과는 거리가 멀다. 세탁기 돌다 보드와 함께 휩쓸려 노즈, 레일, 핀 등에 부딪혀 큰 상처를 입는 경우에 비하면 다행이지만, 몰골이 험해지는 건 어쩔 수 없다. 머리카락을 꽁꽁 묶었던 두 개의 고무줄이 파도에 휩쓸려 나가 처녀귀신 코스프레처럼 산발이 되었고, 손목에 차고 있던 팔찌 모양의 방수시계도 사라지고 없었다. 아무도 못 보는 사이 뒷골목 깡패에게 기습당한 느낌이었다.

광대뼈를 만져 보니 다행히 뼈에는 문제가 없는 것 같았고, 엷게 든 멍은 색조화장으로 가릴 수 있을 정도였다. 나중에 숙련자들의 이야기를 들어 보니 얕은 바다에서 큰 파도에 휘말렸을 때는 바다에 부딪혀 척추 부상을 입는 경우가 많다고 했다. 모랫바닥이라고 안심할 수 있는 것이 아니라 가끔은 모랫바닥이 아스팔트 바닥처럼 딱딱할 때도 있다고 했다.

그 후로도 종종 세탁기 도는 경험을 하고 있다. 늘 조심하려 하지만 생각하지도 못한 순간, 눈 깜짝할 사이에 말려 버리는 경우가 많다. 서프보드에서 떨어져 자빠지는 것을 와이프 아웃(wipe out)이라고 하는데, 주로 크게 와이프 아웃될 때 '또 세탁기 통속으로 들어가는구나' 한다. 자빠진다는 표현이 다소 경망스럽지만 실제로 그렇다.

큰 파도일수록 충격이 심하고 물속에 갇히는 시간도 길어진다. 양팔로 머리와 얼굴을 감싸서 보호하라는 안전수칙은 잘 지키고 있지만 '침착해야 한다'는 것은 도통 잘 되지가 않는다. 파도에 말리는 순간 어디 부딪히지나 않을지 걱정이 앞서며 '급' 당황하게 되고, 대부분 길어야 5초 정도 뒤면 물 밖으로 올라가게 될 걸 알면서도 간절하게 '당장' 숨을 쉬고 싶어진다. 파도 없는 날 바다에서 또는 동네 수영장 물속에서 숨 오래 참기 연습을 하면 도움이 될 것 같다. 그런 경험이 쌓여 'Don't panic, stay cool(당황하지 말고 침착하게)' 상태에 조금이나마 다가갈 수 있기를 바랄 뿐이다.

바다는 아름답고 서핑은 즐겁지만, 늘 곳곳에 위험이 도사리고 있으므로 안전에 대한 적절한 대비는 아무리 강조해도 지나치지 않다. 이건 초보자뿐 아니라 프로선수들에게도 마찬가지일 것이다.

자주 발생하는 부상

서핑 시 부상은 다양한 이유에서 발생한다. 사람이 많아 바다가 혼잡하거나 파도가 클 때 부상 위험은 더 커진다.

가장 자주 발생하는 부상의 원인은 자기 보드와 충돌하는 것(55%)이다. 와이프 아웃되었을 때 보드와 같이 물에 휘말리거나, 튕겨져 나간 보드가 리시의 탄력에 의해 빠른 속도로 돌아와 나를 칠 수 있다. 그 다음으로는 바다 바닥(18%), 타인의 보드(11%), 파도(7%), 해양생물(6%), 기타(6%)에 접촉하거나 충돌해 부상이 생긴다.

※ 참고 : 〈Surf Survival : The Surfer's Health Handbook, 2011년〉

부상 방지를 위한 팁

안전한 장비 사용 초보자의 경우는 소프트 서프보드와 에지(모서리)가 고무로 되어 있어 날카롭지 않은 핀을 이용하는 것이 좋다. 날카로운 핀의 에지를 사포로 갈아 약간 부드럽게 만들어 이용하기도 한다. 충돌 시 충격을 줄일 수 있도록 보드의 노즈에 고무재질로 된 노즈 가드(nose guard)를 끼워 쓰는 것도 좋다.

보호 장비 착용 피부 상처를 방지하기 위해 래시 가드나 웨트수트를 입는 것이 좋다. 특히 초보자가 리프 브레이크에서 서핑할 때는 헬멧과 얇은 부츠를 착용하는 것이 안전하다.

능력에 맞는 파도 고르기 초보자가 큰 파도에 들어가는 것은 위험할 수밖에 없다.

바다를 제대로 아는 것이 생명줄 바다에서 어떤 위험 상황이 벌어질 수 있는지 미리 알고 대비해야 안전에 한 걸음 다가갈 수 있다.

입수 전 스트레칭 경직된 신체는 부상을 부른다. 입수 전 10분 정도 바다의 상태를 살피면서 다양한 동작의 스트레칭을 하는 습관을 들이도록 한다.

와이프 아웃 시 꼭 기억할 것!

- 물속으로 떨어지기 전에 숨을 최대한 들여 마신다. 숨이 부족하면 물속에서 더 당황하게 된다.
- 물속에서는 항상 머리를 보호해야 한다. 한 팔로 얼굴 앞을 감싸고 다른 팔로 머리를 감싸 보드와 충돌하지 않도록 한다.
- 물 밖으로 나갈 때는 한 손을 먼저 뻗어 수면에 무엇이 있는지 확인한다.
- 서프보드가 공중으로 날아간 상태라면 물속에서 3초 정도 있다가 물 밖으로 올라간다. 보드가 수면으로 떨어진 후에 올라가는 것이 안전하기 때문이다.
- 물 밖으로 나오면서 바로 주변을 살핀다. 내 보드가 어디 있는지, 주변에 다른 서퍼가 나를 향해 돌진하고 있지는 않은지, 피해야 할 파도가 오고 있지는 않은지 등을 확인한다.

귓속에 뼈가 자라는 증상 '서퍼스 이어'

차가운 물에서 서핑을 많이 한 서퍼에게는 서퍼스 이어(surfer's ear)가 생길 수 있다. 이는 차가운 물이나 바람이 귀로 들어오는 것을 막기 위해 고막 바깥쪽 외이도 부분에 연골이 자라 융기가 생기는 것으로, 심해지면 수술이 필요하다. 귀마개를 착용해 예방할 수 있다.

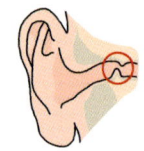

코에서 흐르는 폭포수 '노즈 드립'

바다 속에서 심하게 뒹군 날은 서핑 후 한참 뒤에 코에서 갑자기 폭포수처럼 물이 쏟아져 나오는 것을 경험할 수 있다. 이는 두개골 내 위치한 부비동 내에 많은 양의 바닷물이 들어가 있다가 고개를 숙이거나 옆으로 기울일 때 중력에 의해 와락 배출되는 현상으로 노즈 드립(nose drip 혹은 post-session nasal drip)이라고 한다. 서핑을 마치고 씻은 후 집에 가려고 다른 분들에게 인사를 할 때라든지, 심지어 집에 도착했을 때 이런 사태가 생기면 콧물이 아니라고 애써 설명해야 할지도 모른다. 훌쩍~

ⓒ황승욱

쫄지 마!
호연지기(浩然之氣)는
초등학교 보이스카우트, 걸스카우트에서만
배워야 할 게 아니다.

'이놈 아저씨' 불러야겠네

몸과 마음으로 지켜야 할 약속

파란 불이 켜지면 횡단보도를 건너고 빨간 불이 켜지면 건너지 말아야 한다는 것을 알려주는 보행 신호등은 참 명쾌하다. 만국 공통의 신호이니 외국에 나가서도 헷갈리지 않는다. 자기만의 제한된 영역이 없는 공동의 바다에서도 서퍼들 사이의 교통사고를 방지하려면 지금이 'Go'해야 할 때인지 'Stop' 해야 할 때인지 서로 알 수 있는 신호등이 필요하다. 실제 신호등이 있을 리는 만무하고, 대신 국제적으로 통용되는 '보이지 않는 룰'인 서핑 에티켓이 있다. 파도를 안전하고 즐겁게 나눠 타기 위해 꼭 지켜야 하는 '우리들만의 아름다운 약속'이다.

1930년대에 서프보드 핀이 발명되기 전까지는 라이딩 시 진행 방향을 틀 수가 없어 주로 직진만 했다고 하니 한 파도에서도 여럿이 공평하게 놀 수 있었겠지만, 1930년대 중반 핀이 발명되고 1960년대 후반 쇼트보드가 나온 후로는 자유로운 방향 전환과 다양한 기교 구사가 가능해져 충돌의 위험이 높아졌고, 서핑 인구도 크게 늘면서 라인업이 혼잡해지자 에티켓의 준수가 더욱 필요하게 되었다.

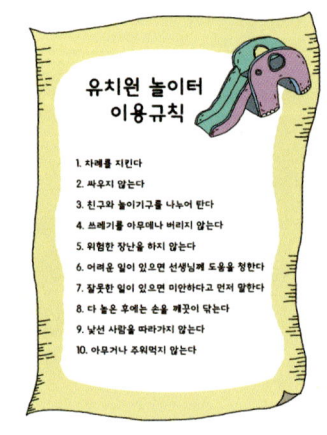

서핑에 입문해 한창 새로운 지식들을 쌓아가고 있던 즈음, 유치원에 갓 입학한 아들을 둔 친구 집에 놀러 갔다가 입학식에서 나눠줬다는 '유치원 놀이터 이용규칙' 안내문을 보고는 혼자 삐져나오는 웃음을 참지 못했다. 복잡하게만 느껴졌던 서핑 에티켓의 내용이 '차례를 지킨다', '친구와 놀이기구를 나누어 탄다' 등이 적힌 유치원 안내문 내용과 근본적으로 같다는 생각이 들어서였다. 〈내가 정말 알아야 할 모든 것은 유치원에서 배웠다〉는 책 제목이 떠오르는 순간이었다.

유치원에서 규범을 잘 지키지 않는 친구가 있으면 선생님이 나서서 지도해야 하듯, 바다에서도 누군가가 계속 예의 없게 다른 서퍼의 라이딩을 방해하거나 불쾌한 언행을 한다면 개그콘서트 '풀하우스' 코너의 '이놈 아저씨'라도 불러 '옐로카드'를 날리고 주의를 주어야 한다. 바다를 함께 즐기는 사람들의 기분을 망치고 다른 이들의 안전까지 위협하기 때문이다.

'이놈 아저씨' 역할은 주로 해당 해변 인근에 살거나 그곳을 자주 이용해 익숙한 로컬(local) 서퍼들이 맡는다. 이들 대부분은 해변을 서핑이 가능한 터전으로 가꾸고 모두가 행복하게 서핑할 수 있도록 오랜 시간 공을 들여온 분들이기에 강한 애정을 가지고 '평화의 수호자'로 나선다.

말이 통하지 않는 무법자에게는 과감히 '입수 금지'라는 '레드카드'를 날리는 일도 생긴다. 로컬이라고 해당 바다의 소유권을 갖고 있는 것은 아니지만, 외지에서 온 소수의 무법자가 해당 지역의 규범을 무시하고 자꾸 문제를 일으키면 로컬들이 지역 주민들이나 해당 관공서와 마찰을 빚을 수 있게 되므로 선택할 수밖에 없는 특단의 조치인 셈이다.

이러한 로컬들의 지역 보호 경향을 '로컬리즘(localism)'이라고 부른다. 하지만 1960년대 미국 캘리포니아 일부에서처럼 서핑 스팟이 외부인들로 붐비는 것을 막고자 부린 텃세와는 다른, 분명히 긍정적인 면의 로컬리즘을 우리나라에서 많이 볼 수 있다. 대부분의 우리나라 로컬들은 외부에서 온 사람들이 즐거운 시간을 가질 수 있도록 반겨주고, 조류나 암초 등 주의사항에 대해 먼저 일러주며, 서핑 스킬에 대해 한두 마디 조언도 건네주고 싶어 하니 말이다(초보자라면 적절한 한두 마디의 조언으로 지옥에서 탈출해 천국의 맛을 볼 수도 있다!). 로컬이 경계하는 대상은 외부인이 아니라 예의 없는 행동으로 불쾌감과 위험을 초래하는 사람들이라고 보면 된다.

초보자들은 물에서 뜻대로 보드를 컨트롤하지 못해 예의를 지키고 싶어도 못 지킬 때가 많다. 쉽게 말해, 라이딩하는 다른 서퍼의 길에 고의로 끼어들 생각은 없었는데도 피하는 방법을 몰라 어쩔 수 없이 방해를 하게 되는 것이다. 그럴 때는 먼저 미안하다고 말하며 안부를 묻는 것이 예의다. 고수들이 올챙이 적 시절을 잊지 않았다면 이해해 줄 터이고, 그럼으로써 불필요한 긴장 관계를 만들지 않고 좋은 시간을 가질 수 있다.

또한 새로운 곳에 가면 누가 날 반겨주기를 바라기보다는 이방인으로서 겸손한 마음으로 그 곳의 문화를 이해하고 조심하려 노력하는 태도가 필요하다. 보행 신호임에도 불구하고 차량들이 횡단보도 위를 쌩쌩 지나가는 교통문화를 가진 나라가 있듯이, 생각지도 못한 무언가가 툭 튀어나올 수 있는 것이다.

우리나라에도 독특한(!) 문화가 있다. 서핑이 활성화된 나라에서 온 외국인들이 들으면 깜짝 놀랄 얘기겠지만, 부산의 해운대는 해수욕장 개장기간 동안 해수욕객의 안전을 이유로 서핑을 금지한다. 몇 해 전부터는 해수욕객 입수시간 전후의 새벽과 저녁에 잠깐 탈 수 있게 됐는데, 이 정도라도 허용이 되기까지 많은 로컬 서퍼들의 눈물 어린 탄원과 호소가 있었다. 공교롭게도 부산은 일 년 중 이 시기에 가장 좋은 파도가 들어온다. 좋은 파도를 지척에 두고도 만나러 갈 수 없는 로컬 서퍼들의 고뇌와 번민이 애처롭다.

외국에는 서핑하는 곳과 해수욕하는 곳을 구분해, 누구나 원하는 방식으로 바다를 즐길 수 있도록 해놓은 곳이 많다. 이렇게 된다면 해수욕객에게도 분명 좋은 볼거리를 제공해 줄 수 있을 것이다. 서핑은 세계적으로 대접받는 레포츠이지만, 아직 우리나라의 해변 문화에서는 낯설게 여겨지고 있다. 그래도 서퍼와 해수욕객이 공존할 수 있는 해변으로 점차 변해가고 있다고 믿고 싶다.

우리나라 수상레저안전법에는 풍랑주의보 발령 시 수상레저 활동자는 해양경찰서나 파출소를 방문해 입수신고서(간단한 신상정보 기재)를 쓰고 들어가도록 되어 있다(내가 경찰서 문을 종종 드나드는 사람이 될 줄이야). 주의보라고 하면 어마어마하게 성난 모습의 파도를 떠올릴 수 있겠지만 그건 보통 먼 바다의 얘기이고, 해변가의 바다는 오히려 서핑하기 좋은 환상의 그라운드로 변하기도 한다. 이런 규정들을 모른 채 자신 있게 패들 아웃(paddle out, 패들을 하여 라인업에 가는 것)했다가 단속에 걸리면 과태료 처분을 받는다. 과태료로 수십만 원 혹은 그 이상 출혈이 생겨봐야 쓰라린 속을 달래며 '아~ 이치에 안 맞는 것 같아도, 귀찮은 것 같아도, 사회의 일원으로서 규정은 지켜야겠구나~' 할 것인가. 그 전에 로컬에게 물어봐 정보를 구하고 규정을 지키는 것이 백배 낫다. 그게 우리나라에 제대로 된 서핑 문화가 뿌리내릴 수 있도록 하는 힘이다.

비즈니스 용어에 '글로컬라이제이션(Glocalization)'이라는 것이 있다. '세계화(Globalization)'와 '현지화(Localization)'의 합성어인 글로컬라이제이션은 세계 어디서나 동일한 '글로벌 스탠다드'가 원칙이지만 현지 사정에 유연하게 적응하는 기업의 전략을 말한다. 서핑을 하면서도 글로벌 스탠다드인 에티켓에 로컬의 문화를 존중하는 마음을 더한다면 서로가 더욱 즐거운 시간을 가질 수 있다. 예의 없고 남을 존중하지 않는 사람은 어디서든 환영 받지 못한다. 대우를 받고 싶다면 내가 먼저 개념을 탑재하자.

알로하 정신과 샤카 사인

'폐쇄적 로컬리즘'의 반대되는 말로 '알로하 정신(Aloha Spirit)'이 있다. '알로하'는 'hello', 'goodbye' 그리고 'love' 등을 의미하는 하와이 말. 알로하 정신은 상대방을 애정과 존중, 배려로 환대하는 문화적 관용과 이해의 자세를 말한다.

이를 나타내는 유명한 손 기호가 샤카 사인(Shaka Sign)이다. 가운데 세 손가락은 접고 엄지와 새끼 손가락은 활짝 핀 상태로 상대를 향해 손을 흔드는 동작. 서로 만나고 헤어질 때나 우정과 이해, 감사를 표할 때 등 다양한 경우에 사용된다. 서퍼들 사이에서는 일반적인 인사 표현으로 많이 쓰인다.

서핑 에티켓

파도의 우선권(right of way) 파도의 피크에서 먼저 일어서서 파도를 잡은 사람에게 파도를 탈 우선권이 있다.

패들 아웃 시 패들 아웃해 라인업에 갈 때는 라이딩하는 서퍼의 길을 예상해 피해 가야 한다.

진로방해 금지 파도의 우선권을 가지고 있는 사람 앞에서 테이크 오프를 하거나(드롭 인, drop in) 끼어들기(스네이크 인, snake in)를 하여 진로를 방해해서는 안 된다.

상호 커뮤니케이션 파도의 피크가 좌우로 깨지는 A-프레임의 파도에서 나에게 우선권이 있을 때, 내가 좌우 어느 방향으로 갈 것인지 말하여 다른 사람들이 나를 피해 행동할 수 있도록 한다.

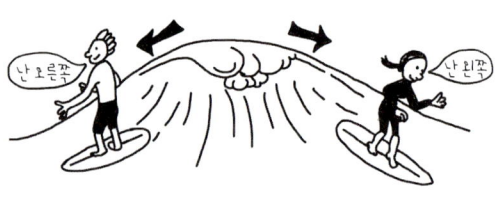

파도 독식 금지 파도를 혼자 다 잡아 혼자만 재미 보지 말고 다른 사람들에게도 기회를 준다.

보드 놓지 말기 큰 파도에 맞서 패들 아웃할 때 뒤에 다른 사람이 오고 있다면 절대 보드를 놓아서는 안 된다. 뒷사람이 크게 다칠 수 있다.

적절한 장소 선택 초보라면 사람이 너무 많은 곳이나 큰 파도는 피하는 것이 좋다.

생긴 모습은 달라도 마음만은 알로하!

해변의 간식

홍합 따서 라면에 좀 넣어줘요~

날씨가 따뜻하고 파도가 좋은 날이면 해 뜰 때부터 질 때까지 서핑을 하고 싶어진다. 하지만 너무 즐거움에만 취해 서핑에 올인하다 보면 나도 모르는 사이 현기증이나 탈수증이 찾아와 위험해질 수 있다.

서핑은 체력이 많이 필요한 스포츠다. 등산하다가 체력이 부족하다고 느낄 때는 초콜릿 하나라도 까먹으며 올라갈 수 있지만 라인업에 나가 있을 때는 불가능하기 때문에 운동 전 또는 중간 휴식 타임에 영양 섭취를 잘 해주는 것이 필요하다. 나아가 서핑 후에도 정상 컨디션을 찾기 위해서는 적절히 잘 먹어야 한다.

에너지 보충을 구실로 얘기를 꺼냈지만, 도심을 떠나 자연 속에서 무엇인가를 먹는 것 자체가 즐거움이고 재미다. "별이 쏟아지는~ 해변으로 가요

~." 콧노래도 흥얼거리게 되고 절로 식욕이 당긴다. 특히 장시간의 물질로 힘이 쪽 빠져 허기가 지면 먹는 기쁨이 두 배가 된다.

바닷가 근처의 식당이나 편의점에서도 굶주림을 해소할 수 있지만, 그곳까지 걸어가거나 주문 후 음식이 나오기를 기다려야 하는 잠깐도 참기 힘들어서 언제부턴가 약간의 간식을 싸가지고 바다로 나가고 있다. 집에서 바나나, 사과, 귤 등 먹기 편한 과일이나 샌드위치 등을 챙겨 가기도 하고 여름이면 바다로 가는 길에 옥수수를 잔뜩 사가기도 하고, 또 취사가 가능한 숙소에 머물 때면 남은 밥으로 주먹밥도 만든다. 그 외에 초콜릿과 과자 등도 '늘' 챙기고……. 이런 건 또 내가 참 잘 챙긴다(스스로에게 칭찬의 박수, 짝짝짝).

먹거리는 가끔 뱃속 굶주림뿐 아니라 정신적 혼란을 달래주기도 한다. 물속에서 제대로 라이딩하지 못하고 한참 헤매다 더 이상은 안 될 것 같다며 해변으로 기어 나와 한숨 돌릴 때, 분명 체력의 문제가 아닌 걸 알면서도 에너지를 보충하면 더 잘 탈 수 있을 것 같다는 꽤나 비과학적인 생각으로 우걱우걱 뭔가를 먹을 때가 있다. 먹거리와 함께하는 휴식에서 위안과 용기를 얻는 셈이다.

물론 '이런 저런 이유로 너무 먹었나?' 싶을 때도 있다. 에너지를 많이 쓸 거란 생각에 평소에는 잘 먹지 않는 땅콩버터를 빵에 푹푹 발라 먹을 때는 내가 왜 이러지, 싶기도 하다. 그러나 다시, 서핑을 '가열차게' 할 것이니 서핑한 날은 섭취한 칼로리보다 소비한 칼로리가 더 많을 거라고 생각한다(그렇게 믿고 싶다). 저녁에 술판을 벌이지만 않는다면!

헬스 트레이너에게 물어보니 보통 운동선수들은 운동 중 휴식시간에 탄수화물 4, 단백질 1의 비율로 간식을 먹고 수분을 충분히 섭취한다고 한다. 그래서 나도 그런 식으로 간식을 챙겨보고 있다. 실력 향상에 도움이 될까? 사실 잘 모르겠다. 그냥 운동선수 흉내 내기 놀이를 하며 위안을 얻는 거지 싶다.

가장 기억에 남는 간식들은 쌀쌀한 날 모닥불 가에서 얻어먹었던 따끈한 음식들이다. 바닷가에서 주운 나뭇가지로 불을 지펴 익힌 감자 호일 구이, 미리 매콤하게 간을 해둔 보들보들 오징어 구이, 쫄깃한 가래떡 구이 그리고 나뭇가지에 콕 찍어 슬쩍 불에 구운 마시멜로와 따뜻한 코코아 한 잔. 화려한 음식은 아니어도 같이 서핑을 한다는 이유만으로 이런 음식들을 얻어먹을 수 있었던 기억은 따뜻하다. 이에 더해 불을 쬐며 수다를 나누거나 누군가의 우쿨렐레 연주를 들을 수 있는 건 더할 나위 없는 큰 즐거움이고.

또 빼놓을 수 없는 간식은 허기질 때 나눠 먹은 라면 한 그릇. 누가 전복이라도 하나 따와 '투하'한 라면은, 아무 반찬이 없어도 감히 '임금님 밥상'이라고 말하고 싶다. 지쳤던 몸에 호랑이 기운이 솟아나면서 다시 입수하고 싶은 욕구가 꽉꽉 고개를 든다. 라면의 매력이란 참!

살다 보면 산해진미, 진수성찬이 다 맛없게 느껴지는 날이 있는가 하면, 무엇을 먹든지 맛있고 행복할 때가 있다. 늘 즐거울 수는 없으니, 사랑하는 사람들과 아름다운 환경 속에서 정말 좋아하는 음식들을 함께 먹을 수 있는 기회를 좀 더 가지려 노력하며 살아가는 수밖에. 그러니까 내 말은, 바다에 가서 서핑하다가 라면이 먹고 싶을 때, 누가 홍합이나 게 좀 잡아 라면에 넣어 주면 좋겠다는 얘기. 홍합살과 게살은 많이 안 건드릴게. 진미는 국물이니까!

서핑 때 이런 간식 어때요?

바나나 딸기 샌드위치

재료 식빵 2장, 땅콩버터, 바나나 1/2개, 딸기 3개

1. 식빵의 한쪽 면에 땅콩버터를 각각 '듬뿍~' 바른다.
2. 바나나와 딸기를 길게 자른다.
3. 바나나와 딸기를 땅콩버터 바른 빵 사이에 넣어 샌드위치를 만든다.
4. 단백질 보충용 '저지방' 우유와 함께 먹는다. 땅콩버터에 지방이 많으니까!

후리가케 참치 주먹밥

재료 찬밥 1공기, 참치 캔 작은 거 1개, 후리가케 2큰술, 다진 단무지(혹은 장아찌) 조금, 참기름

1. 찬밥에 기름 뺀 참치, 후리가케, 다진 단무지를 넣고 조물조물 버무린다.
2. 간을 봐서 싱거우면 후리가케와 다진 단무지를 조금 더 넣는다.
3. 적당한 모양으로 뭉쳐 맛있게 냠냠.

통감자 치즈 구이

재료 씻은 통감자, 슬라이스 치즈

1. 감자를 씻어 껍질째 알루미늄 호일에 싼다. 불이 서서히 잘 전달되도록 두꺼운 호일을 쓰는 것이 좋고, 얇은 호일은 두세 겹 겹쳐서 사용하면 된다.
2. 불에 던져 넣고 굽는다. 꼬챙이를 찔러보아 쑥 들어가면 다 익은 거다.
3. 감자가 뜨거울 때 슬라이스 치즈를 조금 올리면 간도 맞고 더 맛있다.

가래떡 구이

재료 가래떡, 조청, 땅콩 가루

1. 한입 크기의 말랑말랑한 가래떡을 호일 위에서 골고루 돌려가며 노릇해질 때까지 굽는다.
2. 조청을 묻혀 땅콩 가루를 뿌려 먹는다.

상어 < 해파리 < 환경오염
바다가 많이 아프다

서핑을 한다고 하면 "상어 밥 되고 싶냐?"라고 말하는 사람들이 종종 있다. 싫다! 물어볼 필요도 없다. 상어 밥 되는 거 싫다! 그러나 자주 출몰하지 않는 상어보다 더 겁나는 것이, 무섭게 늘어나고 있는 독성 해파리다.

해파리는 냉채를 만들 때 넣는 식재료인 줄로만 알았다. 바다에서 가끔 볼 때도 반투명하고 하늘하늘한 것이 신비롭고 몽환적이라고 생각했다. 그런데 해파리에 쏘여 호되게 고생하는 해수욕객을 한번 본 후로는 생각만 해도 소름이 돋는다. 그 해수욕객은 살려 달라고 소리 지르며 울다가 119 구조대원의 도움으로 구급차에 실려 갔다.

우리나라에서는 주로 서해와 남해 연안에만 나타나곤 했는데, 지구 온난화로 인해 강한 독성을 지닌 아열대성 해파리가 동해안에까지 출현하고 있다는 소식을 종종 듣는다. 보통 5월부터 10월까지 나타나는데, 요즘은 발생 시기가 빨라지고 출현 기간도 길어지고 있다고 한다.

노무라입깃 해파리, 작은부레관 해파리 등 독성이 강한 해파리에 쏘이면 심한 통증이 느껴지고 호흡 곤란, 어지럼증, 심장 마비 등의 증상이 있을 수 있고, 물 안에서 쏘이면 일시적으로 근육마비가 와 익사의 위험도 생긴다고 하니 무시무시하다. 물에 떠내려 온 비닐봉지를 보고 식겁해 걸음아 날 살려라, 아니 패들아 날 살려라~ 했던 적이 한두 번이 아니다.

해파리의 천적인 거북이와 쥐치 등을 무분별하게 포획한 것도 해파리 출몰이 잦아진 큰 이유라고 한다. 그래서 해파리 떼가 늘었다 싶으면 말쥐치를 방류해 개체를 줄여보려는 노력도 한다지만, 그 전에 생태계를 제대로 돌보지 못한 점이 아쉽다.

상어 소식에 오싹했던 적도 있다. 우리나라에서 발견되는 식인 상어는 주로 청상아리와 백상아리다. 5월 초부터 남해에서 서해상으로 올라와 사람들을 공격하는 사례가 종종 있다고 하는데, 최근에는 이례적으로 경북 동해 영덕 앞바다에서 2.5m 청상아리가 정치망에 걸려 죽은 채 발견됐고, 제주도 우도 근처 해수욕장에 공격성 강한 청새리상어가 나타나 물놀이가 통제된 적도 있다. 그러니 사시사철 물놀이객인 서퍼들은 뉴스에 귀 기울이고 안전수칙을 지켜 스스로를 보호하는 것밖에 별 다른 수가 없다.

더욱 안타까운 것은 수질 오염 문제다. 비영리 환경보호단체인 서프라이더 파운데이션(Surfrider Foundation, www.surfrider.org) 등의 관련 단체들은 비 온 뒤 72시간은 바닷물에 들어가지 말라고 경고하고 있다. 이 기간 동안은 도심으로부터 생활하수, 공장폐수, 축산폐수, 기름, 살충제, 제초제 등 온갖 오염물질이 바다로 유입돼 건강을 심각하게 위협할 수 있다는 것이다. 서퍼들은 상처 난 피부를 통해 박테리아에 감염돼 팔을 절단하게 된 서퍼의 사례나 각종 피부 질환 사례들을 공유하며 경각심을 다지고 있다.

서프라이더 파운데이션은 1984년 캘리포니아 말리부의 서퍼들이 세운 단체로, 수질 오염 방지 및 연안 환경 개선을 위해 다양한 활동을 해오고 있다. 지금은 뜻을 함께하는 서퍼들이 늘어 전 세계적으로 90개 지부가 활동 중이다.

아직 우리나라에서는 파도만 좋다면 비 오는 날에도, 그 다음 날에도 서핑을 하고 있지만, 일부 지역에서는 가끔 '오늘은 정말 X물에서 논 것 같다'는 얘기가 나오기도 한다. 아무리 파도가 좋았어도 찜찜함이 남는 때가 있다. 그런 날은 샤워를 더 깨끗이 하고 웨트수트도 더 열심히 세척한다. 그리고 괜히 구충제를 먹을까 말까 고민도 한다.

오늘날은 해파리에게 쏘이는 것을 막아주는 로션과 상어가 접근하지 못하게 해주는 전자 신호 장치(발목에 착용)도 개발되어 쓰이고 있는 첨단의 시대다. 그러나 인간이 계속적으로 무분별하게 자연을 사용하고 훼손하다 보면, 놀이터는 점점 없어지고 자연의 병은 더 깊어질 것이며 인간에 대한 '응징'은 점점 거세질 것이다. 우리들이 살아가는 터전이자 잘 쓰다가 후손에게 곱게 물려줘야 할 천혜의 자연을 아끼려는 노력을 더 늦출 수 없는 이유다.

조심해야 할 바닷속 로컬(?)들

해파리
피부에 달라붙은 촉수는 손으로 건드리거나 문지르지 말고 핀셋과 나무젓가락 등을 이용해 제거한다. 해양생물의 독은 단백질로 되어 있어 뜨거운 물에 분해되므로 50~60℃의 물로 찜질을 해주는 것이 좋다. 상처 부위에 식초를 충분히 묻히면 식초의 산성이 해파리 독성을 중화시킨다. 단, 가끔 제주도에 출현하는 작은부레관 해파리는 다른 해파리와 달리 산성이라서 식초를 쓰면 독이 더 활성화된다. 물에 둥둥 떠다니는 길이 5~15cm에 불과한 이 해파리를 발견하면 절대 건드리지 말고 일단 도망치는 것이 상책이다. 이밖에도 서핑하는 지역에 출현하는 해파리 종류를 미리 알아두는 것이 좋다. ※ 참고 : 국립수산과학원 자료, www.nifs.go.kr

상어
상어 출몰 뉴스에 귀 기울이고, 상처를 입었거나 피를 흘릴 때는 물에 들어가지 않는다. 상어의 활동이 많은 야간에도 물에 들어가지 말아야 한다.

산호초(coral reef)
날카로운 산호초에 베이면 뜨겁고 찌르는 듯한 통증이 느껴진다. 산호초 속에는 각종 벌레들이 살고 있어 감염의 위험도 있다. 주로 열대 바다 해저에 많다. 산호초에 상처를 입지 않도록 부츠를 신는 것이 좋다.

성게, 가오리, 바다 벼룩
성게나 가오리(꼬리에 가시를 숨기고 있다)에도 찔리지 않도록 조심한다. 바다 벼룩에 물리면 가렵고 긁으면 덧난다. 연고를 바르거나 약을 먹으면 증상이 완화된다.

푸른 지구를 위한 작은 실천

비치 클린업

바다를 사랑하는 서핑, 다이빙 동호회 및 환경 보호 단체들은 해변을 정화하고 환경의 중요성을 알리기 위한 활동의 하나로 '비치 클린업(beach cleanup)' 행사를 정기적으로 열고 있다.

서프라이더 파운데이션은 2005년부터 매년 6월 20일을 '인터내셔널 서핑 데이'로 정하고 이날 30개국 이상에서 동시에 로컬 해변 정화 활동을 펼친다. 세계 각국의 서핑 애호가들이 서핑이라는 스포츠가 주는 기쁨에 감사하고 그에 대한 작은 보답으로 각자의 해변을 청소하는 것이다. 주로 담배꽁초, 비닐봉지, 병뚜껑, 플라스틱 음료수병, 유리병, 음료수 캔, 음식물 포장지, 나일론 끈 등이 많이 수거된다. 내 방 청소는 미뤄도 비치 클린업에는 빠지고 싶지 않은 것이 서퍼의 마음!

PART 2

좌충우돌 열혈 서핑

부산 국제서핑 페스티벌 ⓒ조윤현

실력을 겨뤄보자, 정을 나눠보자
잔칫날 같은 서핑대회, 관건은 파도

처음에 나도 그랬듯이, 우리나라에서 서핑을 할 수 있다는 것을 이제야 알게 된 사람도 있을 것이다. 더 놀라운 이야기를 하자면, 벌써 10여 년째 해마다 전국의 서퍼들이 몰려드는 서핑대회가 국내 곳곳에서 열리고 있다는 사실이다. 몇 년 전부터는 국제대회로 규모를 넓혀 국내 거주 외국인들뿐만 아니라 해외 거주 외국인 다수도 대회에 참가하고 있다.

2003년 제주도 중문해수욕장 로컬 서퍼들에 의해 우리나라의 첫 서핑대회가 열렸다. 이후 해를 거듭하며 각 지역 서퍼 및 업계 관계자들이 노력해, 특징 있고 규모 있는 행사들을 개최해 왔다. 서핑에 대한 인식 제고와 전국에 흩어져 있는 서퍼들의 친목 도모를 목적으로 주로 지역 로컬들이 주축이 되어 대회를 열지만, 외국 유명 서핑용품 업체들의 국내 진출이 늘면서 기업 홍보를 위한 대회도 생겨나고 있다. 아직 선수층이 두텁지 않고 프로 선수만의 리그가 존재하지 않아 어마어마한 상금이 걸린 외국의 대회와는 차이가 있지만 서퍼들의 열정을 느끼기에는 충분하다.

2011년만 해도 6월 '제3회 부산광역시장배 국제서핑대회'를 시작으로 7월 '제9회 제주중문비치 국제서핑대회', 9월 '제6회 부산 국제서핑 페스티벌', 10

월 '제1회 빌라봉 양양 국제서핑 페스티벌' 등 굵직한 대회들이 전국의 서퍼들을 해변으로 불러 모았다. 그간 갈고 닦아온 자신의 실력을 확인하고 오랜만에 여러 지역의 서퍼들을 한자리에서 만나 밀린 대화를 나누기에는 이보다 더 좋은 기회가 없다. 그래서 6월이 오면 열혈 서퍼들은 짐을 꾸린다. 국내 곳곳의 서퍼들을 만나 정을 나누고 새로운 파도를 즐기는, 쉴 새 없는 국내 투어의 나날이 펼쳐지는 것이다.

대회는 보통 주말을 끼고 2일 또는 3일간 열리는데 남/녀 초급부(대회 출전 경험이 없는 입문자), 주니어부(초중등부), 오픈부(중급 이상 실력), 롱보드부, 외국인부 그리고 프로 서퍼 및 입상 경험이 많은 고수들이 경쟁하는 스페셜 경기부와 지역별 대항전 등이 펼쳐진다. 4~6명이 한 조를 이뤄 15~20분 동안 가장 우수한 실력을 보여주는 서퍼가 토너먼트 방식으로 결승에 진출하게 된다.

외국인부에 몇 명이나 참여하는지, 고작 해봐야 서너 명인 건 아닌지 의문을 품을 수 있겠지만, 2011년 제주중문비치 국제서핑대회에는 총 8개국, 110여 명의 외국인 선수가 등록을 하기도 했다. 제주 로컬 서퍼들이 일본 서퍼들과 지속적인 교류를 해왔고, 중문해수욕장을 방문했던 외국인들 사이에

빌라봉 양양 국제서핑 페스티벌 ©이원택

ⓒ조윤현

'아시아의 시크리트 스팟(secret spot, 일부 서퍼들만 아는, 서핑하기 좋은 한적한 비밀 장소)'으로 입소문이 난 까닭이다. 더욱이 2012년에는 한국 최초로 세계 프로 서퍼들의 대회를 총 관할하는 ASP(현 WSL, 120p 참조) 공식 국제대회가 제주 중문에서 열려 세계의 관심이 더욱 쏠렸다. 머지않은 미래에 한국에서도 월드 클래스 서퍼가 탄생하는 것은 아닐지, 생각만 해도 감개무량하다.

  한편 대회 때는 대중들에게 서핑을 알리기 위해 다양한 부대행사들이 마련된다. 3만~4만 원의 참가비로 서핑 체험 교실, 바비큐 파티, 서퍼스 나이트(surfer's night) 등의 행사에 참석하고 기념품과 중식 제공 등의 혜택을 받을 수 있고, 운이 좋으면 서프보드 등 대박 경품의 행운을 안을 수도 있다(이제 그 행운, 나에게 올 때도 좀 되지 않았나?). 아직 서핑에 입문하지 않았다면 가벼운 마음으로 대회 현장을 방문해 보는 것도 좋겠다.

  서퍼스 나이트는 대회 중간, 보통 대회 첫날 일정을 모두 마친 뒤 저녁 때 인근 술집이나 클럽 또는 해변에서 열리는 공식 뒤풀이이다. 록 밴드와 DJ

제주중문비치 국제서핑대회

공연 등이 펼쳐지고 맥주가 무한제공 되다 보니 흥에 젖고 술에 취해 서퍼가 '술퍼'로 변해가는 모습을 발견하는 것은 어렵지 않다. 다음날 대회장에서 그 술퍼가 제대로 경기에 출전하는지, 아니면 언제 모습을 드러내는지 찾아보는 것도 소소한 재미가 된다.

그러나 주최 측이 가장 긴장하는 점은 파도의 상황이다. 미리 확실하게 예측할 수 없으니 파도의 상태에 따라 대회 스케줄이 유동적으로 변한다. 오늘보다 내일 파도가 더 좋을 것 같으면 내일로 경기를 미루기도 하고, 내일보다 오늘이 좋을 것 같으면 오늘 결승전까지 다 끝내버리기도 한다.

파도가 아예 없으면 경기가 취소되기도 한다. 초급부가 경기하기에 너무 위험한 파도가 올 때도 안전을 위해 경기를 진행하지 않는다. 어쩔 수 없는 일이다. 파도가 마음대로 치지 않는다는 것은 모두가 익히 잘 알고 있으니까. 대신 주최 측은 경기에 걸린 상금과 경품들을 공정하게 나눠주기 위해 묘안을 낸다. 그래서 가끔 서핑 대신 씨름이나 제기차기로 승자를 가리는 진풍경이 벌어진다. 국내외 서퍼들이 한데 어울려 전통 놀이를 즐기는 모습은 마치 한가위 마을잔치 같다. 서핑은 못하지만 흥겹고 유쾌한 시간을 함께 하는 것이다.

좋은 파도가 와도 물에 들어갈 수 없을 때에는 조금 답답해진다. 2011년 부산광역시장배 국제서핑대회 때는 행사 첫날 파도가 커질 기미가 보이지 않아 초급부와 주니어부 경기만 치른 채 나머지 경기를 연기했다. 다음날 꿈에도 그리던 파도가 쭉쭉 올라와 새벽부터 서퍼들이 몸을 풀기 시작했으나 어디선가 들려오는 호루라기 소리. 태풍주의보가 내려 해경으로부터 입수 금지령이 떨어진 것이다. 먼 바다가 아닌 해변에서 가까운 바다에 라인업해 경기를 하기 때문에 해경의 입회 아래 대회를 진행해도 될 것 같은데 중단이라니! 주최 측은 어떻게든 대회를 재개해 보려고 버스를 대절해 울산 나사리해수욕장으로 장소를 옮겼으나 그마저 여성부 결승전을 치른 후 입수 금지 조치를 당해, 아쉽지만 그대로 대회를 마무리할 수밖에 없었다.

룰루랄라 '관광객 모드'였던 나는 비바람 치는 가운데 새로운 해수욕장에 가보고, 또 태풍의 영향으로 흙탕물이 된 바다에서 파도를 잡으려 맹렬히 패들하는 한국 여성 서퍼들의 모습에 감명도 받으며 유익한 하루를 보냈지만, 경기를 채 치르지 못한 남자부, 외국인부 선수들을 비롯해 대회 관계자들의 마음은 얼마나 쓰렸을지. 세월이 흐른 뒤 서핑을 비롯한 해양스포츠에 대한 인식이 개선되고 나면 웃으며 이야기할 수 있을지 모르겠으나, 그날의 파도는 '1년에 3~4번 올까 말까한 파도'였다며 특히 안타까워했던 해운대 로컬들의 표정은 쉽게 잊히지 않을 것 같다.

한국의 서핑대회는 경쟁의 장이라기보다는 명절날 친지 방문과 비슷하다는 생각이 든다. 오랜만에 만난 다른 지역 서퍼들과 안부를 나누고, 멀리서 온 손님들이 자신들이 가꿔온 바다와 준비한 행사에서 즐거운 시간을 보내고 안전하게 돌아가길 바라는 로컬들의 마음이 느껴진다. 어느 바다의 라인업에서, 또는 다음 대회에서 만나자고 약속하는 모습 속에 정이 묻어난다.

부산 로컬 형 : "어, 욕봤다. 마 거거 밥만 묵고 써뻥만 했는 갑네. 와따마 지기데. 난주 제주도서 보자."(동생아. 수고 많았다. 너 이 녀석 밥만 먹고 서핑만 했냐? 잘 타더라. 다음에 제주도에서 보자.)

제주 로컬 동생 : "기꽝? 하하 재밌었수다. 형님 실력에 비하믄 호쏠 부족하우다. 덕분에 잘 놀당 감수다.(그래요? 하하 재미있었어요. 형님 실력에 비하면 많이 부족하죠. 덕분에 잘 놀다 가요.)

서로의 선전을 기원하고, 최고의 기량을 발휘하면 순위에 관계없이 만족한다. 혹여 실력을 다 보여주지 못해 아쉽다면 다음 경기를 위해 또 열심히 연마할 일이다. 그나저나 이런 저런 이유로 아직 경기에 제대로 출전해보지 못했는데, 분발해야겠다. 물론 나는 무병장수, 만수무강할 것이니 아직 기회는 많다. 꿈은 야무지게!

부산광역시장배 국제서핑대회 ⓒ조윤현

세계대회 들여다보기

세계대회를 이끄는 두 협회 'ISA'와 'WSL'

ISA(국제서핑협회, International Surfing Association, www.isasurf.org)는 국제 경기 규율의 표준화와 서핑 관련 이슈의 가이드 제공, 세계서핑선수권대회 개최 등을 통해 다각도로 서핑 발전을 위해 노력하고 있는, IOC(국제올림픽위원회) 공인 단체다. 1964년부터 세계서핑선수권대회를 열고 있고 1980년부터 세계주니어서핑선수권대회를 열어 유망주 발굴에도 힘쓰고 있다. ISA의 노력으로 서핑이 2020년 도쿄올림픽게임에서 정식종목으로 채택됐다.

WSL(월드서프리그, World Surf League, www.worldsurfleague.com, 옛 ASP)는 챔피언십 투어(CT)를 비롯해 빅웨이브 투어, 주니어 투어, 롱보드 투어 등 다양한 대회를 주관하는 단체로, 모든 경기를 인터넷과 앱으로 생중계해 전 세계 팬들을 설레게 한다. 이 중 가장 인기가 많은 대회인 챔피언십 투어에서는 전년도 성적 상위 34명의 선수들이 연간 총 11개 대회에 참가해 그 중 점수가 높은 9개 대회의 점수로 한 해의 챔피언을 가린다. 뛰어난 기량의 서퍼들을 보는 재미뿐만 아니라 세계 곳곳의 특색 있는 파도를 구경하는 재미도 있다.

눈길 끄는 이색 대회

레드불 나이트 라이더스(Red Bull Night Riders)
달과 별이 반짝이는 11월 밤, 미국 동부 플로리다에서 6명의 베스트 서퍼들이 실력을 겨룬다. 서퍼들은 해변을 가득 메우고 열광적인 환호를 보내는 팬들과 환상적인 조명 속에서 자신의 한계에 도전하며 최고의 퍼포먼스 경쟁을 펼친다.

ⓒRobert Snow/Red Bull

WSL 빅 웨이브 상(WSL Big Wave Awards)

1년 동안 촬영된 빅 웨이브 서핑 영상을 판독하여 가장 우수한 선수 및 포토그래퍼에게 시상한다. 가장 훌륭한 퍼포먼스를 보여준 서퍼 외에 빅 웨이브에서 가장 패들을 잘한 서퍼, 배럴 라이딩을 가장 멋지게 한 서퍼, 가장 극적인 와이프 아웃 장면을 보여준 서퍼, 가장 큰 파도를 탄 서퍼(역대 최고 기록 78피트) 등도 선정한다.

©Brian Bielmann

스탠스 ISA 장애인서핑대회(Stance ISA World Adaptive Surfing Championship)

척수장애, 절단장애, 시력장애 등 신체장애가 있는 서퍼들의 대회. 열정과 노력이 있다면 불가능은 없다는 것을 몸소 보여준다. ('스탠스'는 스타일리시한 양말을 만드는 회사다.)

©ISA/Reynolds

서프 시티 서프 도그 대회(Surf City Surf Dog Competition)

미국 캘리포니아의 헌팅턴 도그 비치(Huntington Dog Beach)의 발전을 위해 개최되는 '서프 시티 서프 도그(Surf City Surf Dog)' 행사의 일환으로, 개들이 참여하는 서핑대회. 개들은 체급별(29kg 이상은 특대형견, 10kg 미만은 소형견 등)로 경기를 치른다. 이날, 지역 주민과 서퍼, 애완견들은 해변에서 잊지 못할 추억을 만든다.

©Diane Edmonds

주말 서퍼의 비애

나트륨 부족 증상을 겪다

서핑을 시작하고 나서 인터넷 이용 패턴이 바뀌었다. 전에는 컴퓨터를 켜고 가장 먼저 확인했던 것이 소셜미디어와 이메일이었다면, 지금은 파도 차트와 서핑 동호회를 가장 먼저 확인한다.

월요일 아침 출근길, 스마트폰으로 가장 먼저 확인하는 것도 파도 정보를 알려주는 파도 차트 앱이다. '이번 주말엔 파도가 오려나' 하는 마음으로 이곳저곳 서핑 포인트의 파도 정보를 살핀다. 주말에 서핑을 할 만한 파도가 오느냐 안 오느냐에 따라서 일주일의 스케줄이 달라지기 때문에 파도 차트를 살피는 일이 중요한 일과가 됐다. 차트는 수시로 변하므로 자주 확인해 봐야 하지만, 그래도 주말에 파도가 온다고 차트가 말해주고 있으면 설레는 마음에 한 주의 시작에 활기가 돈다. 주말에 해야 할 일들 중 주중에 당겨서 미리 해놓아야 할 것도 생기니 주중 시간을 더욱 알차게 계획하게 된다.

반대로 주말에 파도가 없을 것으로 예상될 때는 갑자기 인생이 따분해지는 느낌이 든다. 이럴 때는 의도적으로 긍정적인 마음을 갖는 것이 필요하다. 서핑 외에 해야 할 일들을 할 수 있는 시간이 생기니 이런 여유도 괜찮구나 생각해 본다. 오랜만에 등산도 가고, 친구들과 도심에서 폭풍수다도 떨고, 미뤄 두었던 소개팅도 하고, 집에서 요리해 효도도 하고 또 밀린 청소와 방 정리도 느긋하게 할 수 있으니.

가장 약 오르는 상황은, 파도가 주중에는 쌩쌩 들어오다가 주말이 가까워지면서 잠잠해질 때다. 확 하루 정도 주중에 휴가를 내고 바다로 튀어볼까 싶지만, 그러는 것도 한두 번이지 속은 부글부글 몸은 근질근질해진다. 바다에서 멀리 떨어져 사는 도시 직장인으로서 감수해야 하는 '주말 서퍼의 비애'라고나 할까? 또한 주말에 파도가 없을 것 같아 여러 가지 약속들을 잡아 놓고 나니 차트가 슬슬 바뀌면서 좋은 파도가 죽죽 밀려올 것으로 예상될 때, 차트가 나를 보고 "용용 죽겠지" 하는 것 같아 입이 탄다.

어쩌면 바다는 자연의 섭리에 따라 자연스럽게 움직일 뿐인데, 그걸 인간이 예측하려 드는 것부터 실례일지 모르겠다. 그러니 변덕쟁이 바다를 괘씸해 할 일이 아니라, 바닷물에 몸을 담그지 못해 나타나는 '나트륨 부족 증상'을 잘 다스리는 마음이나 태도가 필요한 거다.

주말을 잘 보내도 서핑을 하지 못한 주말엔, 마음 속 어딘가에는 채워지지 않는 '바다의 영역'이 허전하다고 아우성을 친다. 이럴 때 위안이 되는 것이 서핑 영화다. 서핑 영화라고 하면 키아누 리브스와 패트릭 스웨이지 주연의 〈폭풍 속으로〉(이게 언제 나온 영화란 말인가, 심지어 패트릭 오빠는 고인이 되셨다) 외에는 더 생각이 안 나는 사람들이 많겠지만, 알고 보면 서핑 영화의 세계는 어마어마하게 넓다.

서퍼들이 말하는 서핑 영화란 서핑을 소재로 한 대중 영화보다는 유명 서퍼들의 서핑투어 등을 담은 다큐멘터리 영상을 의미할 때가 더 많다. 외국에서는 이미 이런 시장이 형성되어 있어 극장 상영을 목표로 많은 영화들이 제작되고 있고 영화제도 꾸준히 열린다. 또한 반스(Vans), 퀵실버(Quiksilver), 빌라봉(Billabong) 등 서핑용품 회사에서도 소속 프로선수들을 주인공으로 하는 20~60분짜리 서핑 영화를 꾸준히 만들어 내고 있으니 언제나 볼거리들은 충분하다. 잠시 가보지 못한 곳에 나를 데려가 환상적인 서핑의 세계를 여행하게 만드는 영화들 덕에 나트륨 부족 증상을 적절히 견딜 수 있다.

간혹 갓 성인이 된 청춘들의 '우쭈쭈' 애정행각 이야기를 담고 있는 서핑 소재의 영화일지라도 서핑에 관한 이야기만 담백하게 건져 보게 되기도 한다 (비단 2002년 작 〈블루 크러쉬〉만을 염두에 두고 하는 얘기는 아니다). 영화의 배경이 되는 하와이 오하우(Ohau) 섬에서 서핑하는 모습은 저렇구나, 와이프 아웃되면 물속에서 저렇게 헤매게 되는 거구나, 토-인 서핑은 저런 거구나, 간접 경험을 많이 할 수 있어 유익하다.

언젠가는 그런 해변들에 가볼 꿈을 꾸며 주말을 마무리한다. 그리고는 다음날, 파도 차트를 들여다보며 또 다시 새로운 한 주를 시작한다.

'파도야, 이번 주말에는 꼭 와라!'

하와이 노스 쇼어에서 서퍼 콜로헤 앤디노 ©Brian Bielmann/Red Bull

볼만한 서핑 영화속으로~

서핑 소재 영화

〈폭풍 속으로〉(Point Break. 120분. 1991년)
전도유망한 풋볼선수에서 FBI 수사관으로 변신한 자니 유타(키아누 리브스)가 잘못된 자본주의 시스템에 대한 반항으로 은행털이를 일삼는 보디 자파(패트릭 스웨이지)의 무리를 잠입수사하기 위해 서핑에 대해 알아가며 자연에 대한 경외심, 인간적 갈등, 우정 등을 느끼게 된다. 50년 만에 한 번 온다는 전설의 파도를 앞에 두고 검거되려는 순간 보디는 자니에게 마지막으로 파도를 탈 수 있게 해달라고 외치고는 거대한 파도 속으로 사라진다. 마지막 장면은 호주 벨스 비치(Bells Beach)에서 촬영됐다. 열두 번을 봐도 감동적이다.
"일생일대에 한 번의 기회야. 내 일생은 이 순간을 위해서였어(This is a once-in-a-lifetime opportunity, man. One wave! My whole life has been about this moment, Johnny)." – 보디의 마지막 대사

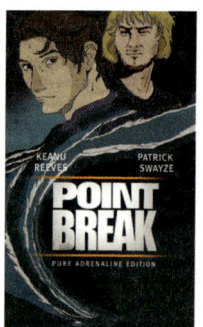

〈서핑 업〉(Surf's Up. 85분. 2007년)
애니메이션이라고 얕보지 마라. 유쾌하고 유익하다. 최고의 서핑 스타가 되겠다는 꿈을 품은 남극 촌동네 출신의 겁 없는 10대 코디가 서퍼들의 천국 펭구 섬에서 펼쳐지는 서핑대회에 출전하며 서핑과 인생에 대해 배우게 된다. 대회 현장 소식을 전하는 펭귄으로 유명 서퍼인 켈리 슬레이터(Kelly Slater)와 롭 마차도(Rob Machado)의 목소리도 등장한다. 그린 데이(Green Day), 인큐버스(Incubus) 등의 익숙한 음악도 재미를 더한다.
"이게 전부지. 이것보다 뭐가 더 좋을 수 있겠어(This is what it's all about. What could be better than this)?" - 한바탕 서핑을 즐긴 후 휴식을 취하며 레전드 서퍼 빅Z가 하는 말

〈빅 웬즈데이〉(Big Wednesday. 120분. 1978년)
서핑이 인생의 전부였던 혈기왕성한 젊은 서퍼 매트, 잭, 리로이가 1960년대와 70년대를 거치며 어른이 되어가는 과정을 시대적 배경에 맞춰 섬세하게 풀어냈다. 눈부신 햇살이 내리쬐는 바다에서 시원하게 서핑을 하는 동안은 그 어느 것도 부러울 것 없는 청춘이었지만 베트남전쟁 참전 등으로 함께 즐기던 호시절은 끝이 나고……. 유례없는 큰 파도가 온다는 소식에 보드를 들고 홀로 바다에 나간 매트는 그곳에서 마치 이런 파도를 타는 건 우리들의 숙명이라는 듯 잭, 리로이와 재회, 해변에 모인 관중들 앞에서 일생일대 최고의 라이딩을 보여준다.
"오프쇼어 바람의 향기가 종종 우리를 깨우곤 했죠. 그리고 매일 아침 우리는 오늘이 특별한 날이 될 걸 알았죠(My friends and I would sleep in our cars and the smell of the offshore wind would often wake us up, and each morning, we knew this would be a special day)." - 매트의 내레이션

〈블루 크러쉬 2〉(Blue Crush 2, 113분, 2011년)
대학 진학을 앞둔 캘리포니아 소녀 데이나는 돌아가신 엄마의 유품인 낡은 다이어리를 보다가 엄마의 추억이 담긴 남아프리카로 떠난다. 그곳에서 만난 서퍼 푸시와 함께 엄마의 추억을 따라 서핑 트립을 다니고 제프리스 만(Jeffreys Bay)의 거친 파도를 타며 방황의 종지부를 찍는다. 실력은 좋지만 마음이 옹졸한 서퍼 타라(이런 애 어디든 꼭 있다네)와의 갈등과 푸시가 프로선수 선발전에 출전하는 이야기 등이 나온다. 쉽게 가보기 힘든 남아프리카 해변을 보는 재미가 있다.
"네가 (자연에게) 약간의 경외심을 보여준다면 괜찮을 거야(Yeah, I'm sure if you show a little respect you'll be fine)." - 제프리스 만의 거친 바다에 들어가도 되겠냐고 데이나가 물어보자 다른 서퍼가 해준 말

〈소울 서퍼〉(Soul Surfer, 106분, 2011년)

프로서퍼를 꿈꾸던 13살 베서니는 친구 가족과 함께 서핑을 갔다가 상어의 공격으로 한쪽 팔을 잃는 사고를 당한다. 한 팔로 생활해야 하는 것이 힘들지만, 친구와 가족들의 응원과 신앙의 힘으로 다시 서핑을 시작한다. 하와이 출생 서퍼 베서니 해밀턴(Bethany Hamilton)의 실화를 담았다.

"인생이 서핑과 많이 닮았다는 것을 배웠어. 믿음이 있다면 뭐든지 가능해. 뭐든지(I've learned that life is a lot like surfing. And if you have faith, anything is possible. Anything at all)." - 역경을 극복한 후 베서니의 소회

〈독타운의 제왕들〉(Lords of Dogtown, 107분, 2005년)

1970년대 중반, 서핑을 즐기던 캘리포니아 빈민가 소년들이 스케이트보드 팀 'Z-보이즈'에 합류하여 스케이트보더로 유명세를 얻게 되지만 자본의 권력과 명성의 소용돌이에서 깊은 갈등을 맛보며 진정 원하는 것이 무엇인지를 깨닫는 이야기. 스케이트보드는 원래 서퍼들이 파도가 없을 때 타기 위해 개발한 보드로, 서핑에 대한 이야기가 영화의 근저에 깔려 있다. 'Locals Only'를 외치며 외지 서퍼들을 배척하는 서퍼들의 모습이 그 시대의 서핑 문화를 보여준다. 실제 Z-보이즈의 멤버인 토니 알바(Tony Alva), 스테이시 퍼랠타(Stacy Peralta), 제이 아담스(Jay Adams)가 카메오로 등장하고 전설의 스케이트보더 토니 호크(Tony Hawk)가 스케이트보드를 타보다 넘어지는 우주인으로 깜짝(또는 깜찍) 등장한다.

"적이 있다는 건 좋은 거지(It's good to have enemies)!" - 스케이트보드 대회에 참가해 상대팀의 열을 바짝 올리고 돌아오며 무리 중 누군가가 하는 말

〈체이싱 매버릭스〉(Chasing Mavericks, 115분, 2012년)

22살 젊은 나이에 사고로 세상을 떠난 캘리포니아 산타크루즈(Santa Cruz) 출신 서핑 챔피언 제이 모리아리티(Jay Moriarity)의 어렸을 적 이야기. 매버릭스의 큰 파도에 도전하고 싶어하는 꼬마가 로컬 레전드 서퍼로부터 체계적인 훈련을 받고 큰 파도에 도전하는 과정을 감동적으로 담았다. 큰 파도에 도전하기에 앞서 어떻게 준비해야 하는지에 대해 잘 보여준다.

"훈련되지 않은 소년들은 핵주먹 마이크 타이슨과 겨룰 수 없다(Untrained boys don't step into the ring against Mike Tyson)." - 큰 파도에 무작정 도전하고 보려는 제이에게 경고하는 말

서핑 다큐 영화

〈엔드리스 서머〉(The Endless Summer, 95분, 1966년)
완벽한 파도를 찾아 하와이, 캘리포니아, 남아프리카공화국, 세네갈, 가나, 나이지리아, 호주, 뉴질랜드 등 전 세계를 여행하는 두 청년의 좌충우돌 발자취를 카메라에 담았다. 서핑 스팟들의 저마다 다른 독특한 모습과 문화 차이에 의한 재미있는 에피소드들에 경쾌한 음악과 유머러스한 내레이션을 더했다. 서핑 장면을 처음 보는 꼬마들이 서프보드에 달려들어 서로 타보겠다고 하는 모습에서 순수한 동심이 느껴져 미소 짓게 된다. 1960년대 작품이라고 믿기 어려운 걸작이다.

"영원한 여름(The Endless Summer)" – 제목 자체가 명대사

〈스텝 인투 리퀴드〉(Step into Liquid, 87분, 2003년)
전 세계 모든 서핑계를 이끄는 신구세대 서핑 영웅들이 다 등장한다. 서핑에 매료되어 서핑을 인생 그 자체로 여기는 사람들이 꼽는 최고의 서퍼는 '가장 신나게 즐기는 서퍼'. 웃음과 순수함, 강렬함이 뒤섞여 있는 서핑의 세계에 한번 발을 담그면 빠져나갈 수 없을 거라고 말한다. 느껴보기 전까지는 어떤 감정인지 알 수 없는, 사랑에 빠지는 감정과 비슷하다는 설명이다. 〈엔드리스 서머〉의 제작자인 브루스 브라운(Bruce Brown)의 아들 데이나 브라운(Dana Brown)이 만들었다.

"삶은 기적이다(Life is a miracle)." – 엔딩 부분에 흐르는 레게 풍 음악의 가사가 서퍼들의 마음을 대변하는 듯하다.

〈익스트림 타히티〉(The Ultimate Wave Tahiti, 45분, 2010년)
서핑계의 마이클 조던이라고 불리는, 현존하는 최고의 프로 서퍼인 켈리 슬레이터와 친구들이 파도 중에서도 최고의 파도로 불리는 타히티 섬 초푸(Teahupo'o) 해변을 찾아 파도에 맞서 한계에 도전하고, 경이롭고 순수한 자연을 즐기며 우정을 쌓는 모습을 담았다.

"서핑을 아주 특별하게 만들어 주는 것은 모든 파도가 다 다르다는 점이죠. 다음 파도는 최악일 수 있지만 또한 당신의 인생에서 가장 좋은 라이딩이 될 수도 있거든요. 그 파도를 타보기 전에는 알 수 없는 거죠(The thing which makes surfing so unique is every single wave is different. The next wave could be the worst wave or could be the best ride in your life. You just don't know unless you are on it)." – 켈리의 인터뷰 중

ⓒ김윤호

서핑 버디 '고프로'
내 서핑 장면은 내가 촬영한다

전문가들은 서핑 실력을 기르는 가장 좋은 방법 중 하나로 본인의 모습을 녹화해 모니터링 해볼 것을 권한다. '나 오늘 좀 잘 탄 것 같다' 싶은 날이면 기분이 우쭐해지기 쉬운데 막상 영상을 확인해보면 갈 길이 한참 멀었다고 느끼게 될 확률이 99%다.

그런데 누군가에게 내가 타는 모습을 찍어달라고 부탁하는 것은 참으로 부담스러운 일이다. 서핑을 좋아하는 사람은 물에 들어가고 싶을 것이고 서핑을 하지 않는 사람은 대체 왜 파도를 저렇게 못 잡고 계속 먼 바다만 쳐다보고 있는지 답답해할지도 모른다. "아 그러니까 좀 전에 찍었는데 그걸 왜 계속 찍어달라는 거야." 도통 이해하지 못하는 친구에게 캠코더를 맡기면 우정 전선이 위태로워질 수도 있고…….

이러한 필요성에서 개발된 것이 액션 캠 혹은 스포츠 캠이다. 액션 캠은 쉽게 말해 스포츠 활동 중 원하는 장면을 동영상으로 찍거나 사진으로 남길 수 있도록, 몸이나 장비 등에 쉽게 부착하여 이용할 수 있는 작고 가벼운 캠코더다. 서핑을 비롯해 오토바이, 자동차, 자전거, 스노보드, 카약 등을 즐기는 익스트림 스포츠 애호가들에 의해 폭넓은 사랑을 받고 있고, TV 버라이어티 또는 자연 탐사 프로그램 등에서도 다이내믹한 화면 구성을 위해 자주 이용된다.

이 시장을 리드하고 있는 회사가 고프로(GoPro, www.gopro.com)다. 실제로 서핑을 즐기던 미국의 한 청년이 자신의 모습을 담고 싶다는 열정에서 만들게 된 회사로, 2002년 카메라를 부착할 수 있는 손목밴드를 판매하면서 등장해 이제는 전 세계 50여 개국에서 인기를 누리고 있는 글로벌 기업으로 성장했다.

고프로는 신제품을 만들 때마다 소비자들이 원하는 편리한 기능들을 잘 구현해 발전시켜왔다. 예전 고프로 카메라는 별도의 방수 하우징을 이용해야 물에서 이용할 수 있었지만, 최신 제품은 별도의 하우징 없이 방수가 되고 터치 스크린에 음성제어도 가능할 뿐만 아니라, 스마트폰 연동을 통해 촬영된 영상과 사진을 언제든지 확인하고 공유할 수 있어 놀랍도록 편리해졌다. 동영상 촬영 외에도 몇 초 간격으로 사진이 찍히도록 세팅해 놓으면 그 누구의 도움 없이 내 사진을 남길 수 있다. 가격도 30만~50만 원대로 도저히 못 사겠다고 할 정도는 아니어서 더더욱 '카드, 긁어? 고고씽?' 하고 고민하게 한다.

인터넷 결제창을 열기 전, 먼저 유혹에 넘어간 친구의 고프로 카메라를 한 번 이용해 보았다. 다소 쌀쌀한 가을이었지만 파란 하늘에 구름이 두둥실 떠 있는, 사진 찍기 정말 좋았던 날, 마침 무릎 높이의 피크닉 파도가 들어와 카메라를 장착한 친구의 9피트 롱보드를 빌려 타고 나갔다. 내 수준에 맞는 파도 덕에 즐겁게 타다가, 카메라가 있으니 뭐라도 좀 해보자 싶어서 크로스 스텝(cross step, 보드의 앞·뒤로 걸음을 옮겨 균형 이동을 통해 라이딩의 스피드를 조절하는 기술)을 흉내 내 봤다(어디서 본 건 많다). 흔들흔들 균형을 잡으며 발걸음을 옮겨보니 나름 재미가 있었다.

그러나 그날 저녁 식사를 하며 컴퓨터로 영상을 보다가 생각한 것과는 영

딴판인 모습에 큰 충격을 먹었다. 뭉게구름이 유독 예쁘게 담겼고 카메라에 녹음된 물소리도 청명해 좋았는데, 거기까지는 좋았는데……. 나름 크로스 스텝이라고 생각했던 건 그냥 뒷발을 앞발 앞에 한번 콕 찍었다가 두 걸음을 채 가지 못하고 "이크~에~크" 하며 제자리로 돌아오는 모습이었고(남들이 보기에는 그저 뒤뚱대는?), 왜 그리 콧물은 자주 닦는지(하하), 패들할 때 오만상은 왜 그리 쓰는지(나 화났나?) 등. 30여 년간 함께 살아온 나인데 이렇게 새로운 자아를 마주하게 될 줄은 정말 몰랐다. 게다가 워낙 평소에도 좀 구부정한 자세라고 생각했는데 그게 서프보드 위에서도 여실히 드러났고 말이지. 날씨가 좋아서 그냥 웃고만 탔어도 이것보다 좋은 영상을 남겼겠다 싶어 후회가 컸다. 일단 기술은 뒷전이고 좀 웃으면서 타는 연습을 해보자는 새로운 목표를 갖게 됐던 날이다.

카메라를 장착하고 서핑을 하면 나중에 그 모습을 다시 볼 생각에 평소보다 집중하게 된다. 서핑 고수들과 함께 내가 찍힌 영상을 보면 정말 많은 조언을 들을 수 있어 실력 향상에 도움이 된다. 그런데 그렇게 영상을 찍고 나면 꼭 음악 깔고 자막 넣어 짧은 영상을 만들어 보고 싶어진다. 편집 실력이 좀 는다 싶으면 더 멋진 영상과 멋진 편집에도 욕심을 내게 되고. 재미는 있

지만 시간을 많이 잡아먹을 수 있기 때문에 주말 서퍼가 주중 편집 팀이 될 수도 있다.

한데 남들이 안 본다 싶을 때 자꾸 카메라에 대고 윙크하고 손을 흔들고 대화도 속삭이는 등 깜찍한 모습을 남기려는 사람들이 있다(나도 포함됨). 나중에 보면 재미있거나 못 봐주겠거나 둘 중 하나다. 가끔은 강한 파도를 맞아 바닷속에서 영면을 맞이하는 고프로 카메라들도 있는데 후대에 발견되어 모두를 공황상태로 빠뜨리는 건 아닐지. '아니! 조상님들이 이렇게 귀엽게(?) 노셨단 말인가!' 그래도 뭐 어때! 그리고 놀기에 정말 잘 만들어진 카메라인 걸. 사회적 윤리와 규범에 벗어나지 않는 선에서 나의 애교는 '쭈욱~' 계속된다. 물론 남들이 안 볼 때.

고프로 외에도 성능은 똘똘하면서도 가격은 저렴한 국내 최초의 액션 캠 '아이쏘우(www.isawcam.co.kr)'나 소니 액션 캠도 많이 이용되고 있고, 팔에 가

©이승대

벼운 장치만 차고 나가면 카메라를 장착한 삼각대가 자동으로 내 모습만 트래킹해 촬영해주는 '솔로샷(www.soloshot.com)'이라는(이름은 처량하지만) 재미있는 장비도 서퍼들 사이에서 인기가 많다. 그리고 이러한 제품들이 계속 새로운 버전으로 업그레이드되어 매력을 뽐낼 준비들을 하고 있으니 이 얼마나 재미있는 세상인지!

ⓒ이상진, 김도우

웃음을 잃지 말자

파도 없는 바다

바다의 시간은 잘도 간다

어느 초가을, 분명 차트는 토요일 밤부터 파도가 일기 시작해 일요일 아침이면 오프쇼어에 허벅지 높이로 올 것이라고 말하고 있었다. 서울에서 지루하게 토요일 한나절을 보내던 몇몇 서퍼들이 부푼 마음을 안고 짐을 꾸려 토요일 밤 9인승 카풀 차량에 몸을 실었다.

바닷가 숙소에 도착해 보니 오랜만에 보는 얼굴들도 있고 하여 가볍게 술 한 잔 기울이며 담소를 나누고 잠을 청했다. 일요일 오후면 서울로 돌아와야 하는 처지인지라, 파도 있을 때 실컷 타자는 생각에 술에 취하기가 싫었다.

푹 자고 상쾌하게 일어난 아침. 바다는 고요하고 또 고요했다. 소위 말하는 '장판', 정말 바다는 장판을 쫙 펴 놓은 모양을 하고 있었다. 나 혼자 차트를 보고 판단했던 것이라면 '내가 또 틀렸네. 역시 경험을 더 쌓아야겠다' 생각하고 말았겠지만, 단체로 이렇게 속을 수 있다니. 그러고 보니 어젯밤 그 분들은 파도 상황이 이렇게 변할 줄 알고 그렇게 술을 많이 드셨던 건가.

아직도 차트 상에는 살짝 파도가 있다고 나와서, 30분씩 선잠을 자며 들락거렸으나 눈앞에 바다는 없고 호수만 넓게 펼쳐져 있는 듯했다. 갈매기들은 건조시키려고 널어둔 오징어 서리에 신이 났지만, 금주의 밤을 보낸 기특한 나는 허탈하기 그지없었다.

아무래도 오늘 입수는 틀린 모양이다. 파도를 포기하고 나니 그제야 가을 냄새 스민 깨끗한 공기 속에 내가 서 있다는 사실을 깨닫는다. 파란 하늘과 포근한 햇살, 정말 깨끗하고 아름다운 가을날이구나.

책을 한 권 집어 들고 벤치에 누웠다. 세계에서 가장 성공한 부동산업계 거물(에서 지금은 미국의 제45대 대통령으로 변신한) 도널드 트럼프와 교육업체 러닝 아넥스(The Learning Annex)의 창업자 빌 잰커가 쓴 〈크게 생각하라 : 사업과 인생에서 성공하는 법〉(Think BIG : Make It Happen in Business and Life, 2008

년)이라는 책이다. 여기에는 그들의 경험담을 바탕으로 사업과 인생에서 성공할 수 있는 방법을 소개하고 있는데, 핵심은 '자신의 열정을 발견하게 하는 좋아하는 일을 하라'는 것이었다. 너무 서핑을 다니며 놀 생각만 하는 것 아닌가 약간의 죄책감을 느끼던 중이었는데, 좋아하는 일을 하라 하니 마음이 한결 가벼워졌다. 신기하게도 책에 담긴 여러 가지 조언이 서핑을 잘하기 위한 방법과도 통하는 부분이 많아, 혼자 낄낄대며 읽고는 서울로 돌아왔다.

- 열정이 두려움을 이길 수 있음을 알라.
- 실수로부터 배우되, 실망하지 마라.
- 기꺼이 새로운 도전에 응해라.
- 강한 정신력을 갖고, 절대 포기하지 말라.
- 나쁜 일이 발생해도 자신감을 잃지 마라. 나쁜 일은 지나갈 것이다.
- 완벽한 순간에 본능적 직감을 이용해라.
- 모든 것을 알았으면, 배짱 있게 행동해라.

−〈크게 생각하라 : 사업과 인생에서 성공하는 법〉 중에서−

이처럼 파도를 기대하고 갔으나 파도가 없는 날이 있다. 그럴 때 같은 처지에 놓인 서퍼들과 자연 속에서 즐길 일, 할 일은 무수히 많다.

입수를 하고 싶으면 패들링 연습, SUP 서핑, 스노클링 등을 한다. 몸이 근질근질한 이들끼리 뜻이 맞으면 가벼운 상품을 걸고 패들링으로 반환점을 누가 먼저 돌아오나 배틀을 펼친다. 더 땀을 빼고 싶다면 사람들을 끌어 모아 비치발리볼, 농구, 씨름대회 등을 열기도 한다.

서핑의 감각을 평지에서 느낄 수 있도록 고안된 카버 스케이트보드(carver

skateboard)를 타고 턴 연습을 하기에도 좋은 시간이다. 일반 스케이트보드보다 더 깊게 턴할 수 있도록 만들어져 있어 적응해가는 재미가 있다. 또 배럴 속을 라이딩하는 꿈을 바다에서 이루어보지 못한 서퍼들은 천막으로 배럴을 만들어 스케이트보드로 통과해보며 미래에 경험할 배럴 라이딩을 가상 체험해보기도 한다.

물속에 성게, 전복, 해삼, 멍게, 문어, 소라, 홍합, 홍게 등 군침 도는 자연산 먹거리들이 보이면 간단한 망과 갈고리 등을 동원해 만선(?)의 꿈을 안고 조업을 나간다(도널드 트럼프 아저씨가 꿈은 크게 가지라고 했으니!). 스쿠버다이빙 장비를 착용하고 수렵을 하거나 허가 받은 어장의 영역을 침범하는 것은 수산자원보호법에 의해 금지되어 있으니 이 점은 지키면서.

배고픈 영혼들이 먹거리 파티를 하기에도 좋은

날이다. 가장 쉽게 잡을 수 있는 것은 조개. 조개를 한가득 캐오면 저녁 식사로 조개 칼국수, 다음날 아침 조개탕도 거뜬히 만들어 선심 쓰며 나누어 먹을 수 있다.

혼자 평화로운 시간을 보내고 싶다면, 바닷가 구석 어딘가에 자리 잡고 앉아 음악 감상, 독서, 선탠 등을 해도 좋다. 카메라를 집어 들고 출사를 가거나 방파제 위에 낚싯대를 걸어 두고 망중한을 즐기기도 좋다. 자연으로부터 받은 영감을 조각이나 그림, 집필, 뜨개질 등 창의적 행위로 풀어내보기도 한다.

미뤄두었던 서핑용품 수리를 하기에도 좋은 기회다. 상처 난 보드 수리, 구멍 난 웨트수트 수리, 더러워진 왁스 제거 및 새 왁스 바르기 등 둘러보면 할 일이 꼭 있다. 그러다가 예술혼이 불타오르면 컬러 왁스 또는 스티커를 가지고 보드 위에 개성을 표현해 보기도 하고. 여럿이 모여 평소 잘 이해가 가지 않았던 차트 보기와 서핑 기술 등의 서핑 지식을 배우는 기회도 갖고, 서핑 영상을 감상하며 실력 향상과 서핑 여행의 꿈을 키우기도 한다. 그리고 함께 둘러앉아 우클렐레 연주로 흥을 돋우는 무리도 쉽게 볼 수 있다.

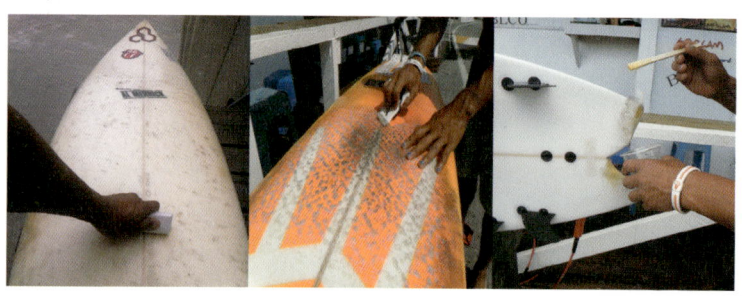

이럴 때 놀기 좋게 서핑 버전으로 만들어진 보드게임 '모노폴리' 서핑 에디션도 있다(없는 거 빼고는 다 있는 세상이다). 세계적인 서핑 명소 22곳을 돌아다니며 보드를 사거나 팔고, 보트를 타고 서핑을 다녀오는 등의 스토리로 구성되어 있다. 다른 보드게임과 마찬가지로 은근한 긴장감이 돌기도 하고 기쁨과 안타까움(?)이 오가기도 하지만, 여기에 해외 서핑 여행을 많이 다닌 서퍼들의 무용담이 섞이면 배꼽을 잡으며 밤을 샐 수도 있다.

파도 없는 날도 바다의 시간은 이렇게 잘 간다. 없는 것에 미련을 두기보다 가진 것을 최대한 즐기는 삶을 바다에서 배운다.

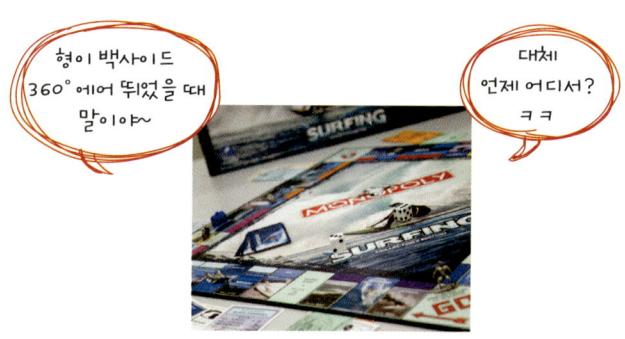

보드게임 모노폴리 서핑 에디션.
게임을 하다 보면 프로 선수에 빙의된 서퍼들의 '간증'이 이어진다.

"우리도 바빠요"

남부 캘리포니아 해변

미국 서핑 문화의 중심지

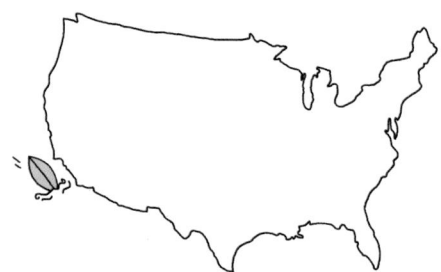

서핑을 하기 전에는 세상에 그렇게 다양한 서핑대회가 있는지, 또 그렇게 서핑을 할 수 있는 해변이 많은지 상상조차 하지 못했다. 그러나 서핑 잡지나 페이스북 등을 통해 세계의 서핑 소식을 매일 접하다 보니, 새삼 세상은 참 넓고 가보고 싶은 곳은 많다는 생각을 하게 됐다.

그 중 특히 캘리포니아의 해변에서 대회가 열릴 때면 더 큰 관심이 갔다. 캘리포니아에 살고 계신 이모네와 가까운 해변은 아닐까 하는 궁금증에서였다. 어느 날, 이모 집주소를 구글에 입력해 보니, 이럴 수가! 헌팅턴 비치(Huntington Beach), 트레슬스(Trestles), 티스트리트(T-Street) 등 유명 선수들이 참가하는 각종 서핑대회가 열리는 해변과 불과 차로 30여 분이면 닿는 곳에 있는 것이 아닌가! 그래서 지난 세월 동안 이모에게 무심했던(?) 점을 깊게 반성하며, 2011년 연말 남은 연차 휴가를 모아 남부 캘리포니아(Southern California, 줄여서 SoCal)를 잠시 다녀왔다.

샌프란시스코(San Francisco), 새크라멘토(Sacramento) 등 캘리포니아 북쪽에는 가본 적이 있지만 LA 이하 지역은 처음 방문이었는데, 예전 같으면 할리우드나 베벌리힐스 등 유명 관광지를 구석구석 보고 싶다고 생각했을지 모르겠으나, 서핑을 하고부터는 그저 주야장천 바닷가만 가고 싶었다. 그래서 다른 여행안내서는 거들떠보지도 않고 캘리포니아 서핑 스팟을 설명해 놓은 안내서 〈Surfing California〉(Falcon 출판사, 2005년)만 구입해 탐독했다. 세계 서핑의 붐을 선도해온 지역인 만큼 서핑 스팟도 많았고 스팟마다 특징도 뚜렷했다.

모든 바다에 다 들어가 보지는 못하겠지만 그래도 최대한 여기저기 들러 여러 모습을 보고 싶었다. 그래서 제한된 일정 안에 갈 곳을 꼽아보며 책장을 넘겼다. 그런데 왠지 굉장히 낭만적일 것만 같아서(아마도 할리우드 스타 커플들의 휴양지로 많이 소개되었던 덕분인 듯) 평소 꼭 가보고 싶다고 생각해왔던 말리부(Malibu)의 수질이 'poor'? 그러니까 형편없다고? 그 외에도 캘리포니아 여러 곳의 수질이 심각한 수준으로 변해가고 있다는 설명이 곳곳에 실려 있었다. 따뜻한 햇살과 끊임없이 밀려오는 파도만 생각했지 이런 건 또 생각하지 못했는데, 자연과 후손에게 더 미안해지기 전에 각성해야 할 일이다 싶었다.

아무튼 그렇게 3/2mm 웨트수트와 자외선 차단제를 두둑이 챙겨 LA행 비행기에 올랐다. LA공항에 도착하자마자 가장 가까이 위치한 해변인 산타모니카 비치(Santa Monica Beach)에 들러 짠 공기를 좀 마신 후 헌팅턴 비치로 향했다.

헌팅턴 비치는 미국 내에서도 가장 서핑하기 좋은 파도를 만들어 내는 곳으로 '서프 시티(Surf City) USA'라는 닉네임을 가지고 있다. 이곳에서는 연중 각종 서핑대회와 축제들이 열리는데, 특히 한여름에 열리는 〈US 오픈 오브 서핑〉(US Open of Surfing) 대회 때는 세계 최고 기량의 선수들이 경기하는 장면을 보기 위해 세계 곳곳의 서핑 팬들이 몰려 해변을 가득 메우는, '젊음과 열정' 그 자체의 현장을 볼 수 있는 곳이다.

헌팅턴 비치 메인 스트리트에 있는 국제 서핑 박물관(International Surfing Museum)을 잠시 둘러보고(매우 아담하지만 흥미로운 곳이었다) 해변 방향으로 걸어가니 크리스마스와 연말을 맞아 한창 세일 행사로 바쁜 거대한 서프숍들이 보였다. 여기서 마냥 시간을 보낼 수 있다면 아마도 서너 시간은 배가 고픈지 다리가 아픈지도 모른 채 집중해 쇼핑할 수 있을 것 같았다. 그러나 해가 지고 있어서 쇼핑은 가볍게만 하고 패스.

그런데 어느 사진에서 본 바에 따르면 이쯤 어디엔가 '근대 서핑의 창시자'라고 불리는 듀크 파오아 카하나모쿠(Duke Paoa Kahanamoku)의 동상이 있어야 하는데 잘 보이지 않았다. 서프숍 직원에게 물어보니 세일 상품들 사이, 그것도 70% 할인한다는 비키니 진열대 뒤쪽을 가리켰다. 그곳에 젊은 시절의 날렵한 용모를 뽐내며 듀크의 동상이 자리하고 있었다. 서핑을 전 세계로 확산시킨 선구자다운 대우를 해드려야 할 것 같기도 했지만, 이렇게 북적거리는 분위기 속에 있는 것도 함께

숨 쉬고 있는 듯한 느낌이 들어 나쁘지만은 않았다.

  길을 건너 드디어 헌팅턴 비치 피어에 올랐다. 다소 쌀쌀한 날씨의 해질녘이었던 탓인지 서퍼들이 라인업을 가득 메우고 있지는 않았지만, 긴 바다 곳곳에서 자유롭게 파도를 타는 모습을 보니 곧장 '풍덩' 하고 싶어졌다. 초등학교 저학년쯤으로 보이는 꼬맹이 서퍼들이 뭐랄까, 아장아장 라인업으로 패들해 간다고 해야 할까? 그 모습이 무척이나 귀여웠다. 나는 30대 중반에 아장아장 하고 있자니, 거 참 하나도 안 귀여운데 말이다. 백사장에서는 남녀노소가 섞여 비치발리볼을 하고 있었다. 공식적으로 겨울이지만 상의를 훌러덩 벗고 땀 흘리며 노는 모습에서 '내가 진짜 캘리포니아에 와 있구나'하는 느낌이 들었다.

  서핑할 준비가 되어 있지 않았던 터라 라구나 비치(Laguna Beach)와 샌클레멘티 비치(San Clemente Beach)까지 둘러보기만 했는데, 어느 해변을 가든 서프

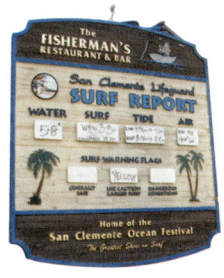

보드 실은 차를 몰며 열심히 순찰을 도는 라이프가드의 모습이 눈길을 사로잡았다. 문제가 있거나 물어보고 싶은 것이 있으면 언제든 도움을 줄 것 같은 느낌이 팍팍 왔다. 바다를 여름 한 철만 반짝 즐기는 곳으로 인식하는 우리나라와는 달리, 사계절 다양한 해양문화를 권장하고 있는 곳이라는 증거이기도 했다.

조금 과장해서 말하자면, 지난 가을 내가 한국에서 서핑할 때 서퍼들 외에 관심 가져주신 분들은, 곧 해 떨어지니까 이제 그만 나오라고 하셨던 동네 아저씨나, 동 틀 때 입수하려니 들어가지 말라고 막던 순찰 나온 군인뿐이었으니 해변 문화의 차이가 크긴 크다고 느꼈다.

며칠 뒤 이른 아침, 샌클레멘티 해변의 게시판에 그날의 수온, 기온, 파도 상태 등의 정보를 적고 있던 라이프가드와 대화할 기회를 가졌는데, 라이프

가드 시스템 또는 서비스가 참 잘 되어 있다는 것을 알게 되었다. 매일 아침 게시판에 이렇게 적는 거냐고 슬쩍 물었을 뿐인데, 매일 아침 적을 뿐만 아니라 필요할 때마다 업데이트하고, 파도와 날씨 정보를 알려주기 위한 목적으로만 운영되는 전화번호가 따로 있으며, 홈페이지에서는 아침 8시, 낮 12시, 저녁 5시에 업데이트된 정보와 해변을 180도 돌아볼 수 있는 웹캠도 볼 수 있다고 많은 정보를 알려줬다.

혹시 서퍼들이 많이 다치지는 않는지 물어보니, 지난해에 뇌진탕이 의심돼서 서퍼 1명을 병원에 보낸 일은 있었지만, 그 외에 큰 사고는 전혀 없었다고 강조했다. 대부분이 서핑 전에 파도 형성의 원리와 안전에 대한 교육을 잘 받고 있고, 라이프가드들도 지속적으로 안전을 강조하고 있으며, 로컬들도 스스로 안전을 지켜야 한다는 것을 잘 알고 있기 때문인 것 같다고 했다. 자신 있게 웃으며 말하는 모습에서 라이프가드로서의 자부심이나 외지인의 방문을 반기는 듯한 느낌을 받았다.

라이프가드 시스템이 부럽다고 푹 빠져 있다 보니, 자꾸 어디선가 1980년대 말 TV에서 봤던 〈SOS 해상 구조대〉의 데이비드 하셀호프 아저씨와 금발을 휘날리며 관능미 맘껏 뽐냈던 파멜라 앤더슨 언니가 나타나 그때와 마찬가지로 마구 해변을 달려줄 것 같았다. 어려서 자연을 벗 삼아 놀지 못하고 TV를 너무 끼고 산 병폐랄까.

어쨌든 좋은 파도가 연중 내내 들어온다는 점이 캘리포니아 해변의 가장 큰 특징이라고 생각했는데, 자연 그 자체보다도 누구나 나와서 즐기는 바다 그리고 늘 지켜주는 이가 있는 바다라는 점이 더 부러웠다.

서핑 초보자를 위한 캘리포니아 라이프가드의 조언

- 바다에 들어가기 전에 수영을 배워라.
- 바다의 위험성을 알아라.
- 입수 전 바다의 상태를 파악하고 특히 조류를 확인해라(라이프가드에 의해 구조된 해수욕객의 80% 이상이 립 커런트 때문에 위험에 처했던 사람들이다).
- 혼자 서핑하지 마라.
- 자신의 능력 밖인 곳에는 들어가지 마라.
- 술 취한 채 입수하지 마라.
- 익숙하지 않은 곳에서 머리부터 다이빙하지 마라.
- 서핑은 전문가로부터 강습을 받는 것이 좋다.

해변 가까이 사는 것, 모든 서퍼의 꿈

샌오노프리

초보자와 롱보더들의 천국

캘리포니아에 도착한 다음날, 서프보드를 하나 빌려 바다에 나가고 싶었다. 그런데 사실 자신이 없었다. 어느 해변을 가야 할지 잘 모르겠고 주차나 샤워시설 이용 등도 헤맬 것 같았다. 한국에서도 늘 경험 많은 서퍼들을 따라다녔을 뿐인지라 혼자서는……. 그래서 크리스마스이브였음에도 불구하고 현지 강사를 수소문해 동네 서프숍 앞에서 만나 함께 바다로 나갔다.

당연히 숍에서 가장 가까운 샌클레멘티 해변으로 가지 않을까 생각했는데 강사는 그보다 좀 더 가서 있는 샌오노프리(San Onofre State Beach, 이하 샌오)로 안내했다. 안내책자를 보니 '초보자가 서핑에 입문하기에 세상에서 가장 좋은 해변이자 롱보더들의 천국'이라는 설명이 눈에 딱 들어왔다.

뭘 배우고 싶은지 묻기에 분명 "초보는 아니지만" 사이드 라이딩을 잘하고 싶다고 말했는데 그게 바로 '저는 초보입니다'라는 얘기였나 보다. 나중에 서프숍 직원이 깔깔거리며 말해주기를, 자기들은 14세 이후에 서핑을 시작했고 아직 50세가 되지 않은 사람이면 다 초보로 본단다? 그만큼 잘 타는 사람들이 많다는 얘기로 들렸다. 지금 보면 난 딱 초보였는데 '초보는 아니지만'을 너무 강조했던 것 같아 쑥스럽다.

I-5 고속도로를 타고 남쪽으로 조금 가다가 바실론 로드(Basilone Road)로 빠져나가 해변을 따라가니 주차 부스가 나왔다. 주차비는 하루 15달러 또는 연간 125달러였는데, 날씨 좋은 주말이면 아침 9시가 되기 전부터 주차장이 다 차버려 바다 뒤 언덕 위에서 대기하다가 한 차가 빠져나가면 한 차가 들어가는 방식으로 운영된다고 했다.

샌오에서 서핑을 할 수 있는 해변은 약 5km로 꽤나 길었다. 북쪽 주차 부스와 연결된 곳부터 로컬들은 5개의 포인트로 해변을 나누는데, 남쪽으로 차례대로 더 포인트(The Point), 포 도어스(Four Doors), 올드 맨스(Old Man's), 도

그 패치(Dog Patch), 누크스(Nukes)로 불린다. 기본적으로 포인트마다 파도의 차이가 조금씩은 있어서 한곳에서 재미를 못 볼 경우에 옆으로 패들해 가면 분명히 놀 만한 파도를 만날 수 있을 거라고 했다. 이런 믿음을 주는 바다가 있다니 마냥 신기했다.

주차 공간에는 저마다의 개성을 뽐내는 다양한 차들이 즐비했다. 주차장의 서퍼들은 트럭 뒤에서 수건으로 가리고 옷을 갈아입거나 서프보드 등 장비를 점검하기에 바빴고, 가족들도 따뜻한 햇살 아래에서 음식과 수다, 산책과 휴식을 즐기며 저마다 아주 평화로운 시간을 보내고 있는 듯했다.

준비운동을 하고 설레는 마음으로 입수! 한국에서는 모랫바닥인 바다에서만 놀아봤는데 샌오의 바닥은 자갈밭이라 살금살금 몇 걸음 들어가다가 패들해 라인업으로 나갔다. 그런데 해변에서 라인업까지 좀 멀었고, 약 12초마다 기계가 하나씩 찍어내는 듯 규칙적으로 들어오는 파도를 피하며 가다 보니 라인업에 도착한 것만으로도 숨이 거칠어졌다. 마음만은 나도 스테파니 길모

어(Stephanie Gilmore, 호주, 1988년 생, 월드 챔피언 프로 서퍼)라고 혼자 속으로 생각할 뿐.

라인업에는 '여긴 분명 올드 맨스 포인트일 거야'라고 생각하게 만드는 고령의 서퍼들이 많았다. 산타 할아버지를 연상시키는 'D 라인'의 몸매가 웨트수트를 입어 더욱 도드라져 보였다. 낮에는 서핑하시고 밤에는 크리스마스 선물 배송하러 가실 것 같은 느낌! 그러나 나이랑 몸매가 아무 상관없다는 것을 경쟁적으로 증명이라도 하듯 다들 능숙하게 유려한 라이딩을 보여주시고 또 다시 열심히 패들해 돌아와 다음 파도를 기다리셨다. 아, 이렇게 늙어가고 싶다.

나도 강사의 가르침을 받으며 열심히 탔다. 바닥이 자갈인지라 물속에서 잘못 말리면 다칠 것 같아 안전제일을 되뇌었는데, 파도가 얌전히 깨지는 스타일이어서 위험하다는 생각은 안 들었다. 좌로 우로 사이드 라이딩을 신나게 연습하며 '오늘 나 좀 일취월장하는구나' 생각했지만, 신나는 기분과는 달

리 팔의 힘이 죽죽 빠져 채 2시간도 채우지 못하고 서핑을 마쳤다. 한국에서는 하루 종일이라도 놀 자신이 있었는데, 아마도 계속 들어오는 파도를 욕심내 잡으려다 보니 그랬던 것 같다. 이것도 어떤 의미에서는 물갈이.

캘리포니아 해변에는 어디든 무료로 이용할 수 있는 샤워시설이 있다. 칸막이로 가려져 있는 것은 아니지만 소금기를 닦아내고 가기에는 충분했다. 앞에 아저씨가 보드를 닦고 있길래 뒤에서 차례를 기다리는데 "메리 크리스마스!"인사를 건네며 처음 왔냐고 물으셨다. 그래서 처음 와서 즐거운 시간 보냈다고 했더니, 샌오는 늘 즐거운 곳이라며 이야기를 풀어 놓으셨다.

"난 어렸을 때 여기서 형의 보드를 빌려 서핑을 하기 시작했어. 내 아들과 딸도 내가 여기서 서핑을 가르쳤지. 그리고 이제 막 걷기 시작한 손자도 아마 여기서 서핑을 배우게 될 거야."

오늘은 크리스마스 휴가를 맞아 온 가족이 여기 모였으며, 매해 추수감사절 다음날도 여기서 서핑하고 다 같이 칠면조 샌드위치로 점심을 먹는다고 하셨다. 흐뭇한 미소를 띤 표정에는 지난날의 추억과 오늘에 대한 감사함, 내

일에 대한 기대감이 복합적으로 담겨 있는 듯했다.

그나저나 보드를 닦으시더니 웨트수트 상반신 부분 지퍼를 내리고 샤워를 하며 말씀을 하셔서 이걸 쳐다보며 얘기를 들어야 하나 당황스러웠다. 털이 수북한 가슴을 상당히 열심히 헹구시던데, 야한 것 같기도 웃긴 것 같기도 했지만, 정작 아저씨 본인은 자연스럽게 행동하셔서 이건 그냥 '이국적인 거다'라고 생각하며 넘겼다.

적당히 모래와 소금기를 닦아내고 해변을 걸었다. 곧 '여기가 도그 패치 포인트이겠구나' 느껴지는, 개들이 뛰어 노는 곳이 나왔다. 원래는 목줄을 착용해야 한다는데 방문객이 비교적 적은 겨울에는 목줄을 착용하지 않아도 눈감아 주는 모양이었다. 캘리포니아의 해변은 해변마다 개의 출입에 관한 규정(전면 통제, 여름에만 통제, 목줄을 착용할 경우에는 출입 가능 등)이 있는데, 샌오에서는 개들도 함께할 수 있어서 더욱 가족들의 사랑을 받는 해변이 되고 있는 것 같다.

도그 패치와 누크스 포인트는 파도가 더욱 얌전해 SUP 서핑하는 사람들이

즐겨 찾는 포인트였다. 누크스(Nuke, 핵)라는 이름이 붙게 된 것은 언덕 뒤편에 남부 캘리포니아 지역 전기 공급의 20%를 책임졌던 원자력발전소가 있기 때문이다(2013년에 폐쇄). 안 그래도 2011년 발생한 일본 동북부 대지진에 의한 후쿠시마 원전 방사능 유출로 핵 문제가 민감하게 느껴지는데, 원자력발전소 앞바다에서 놀기는 좀 찜찜하지 않을까 싶었지만 그런 생각은 나만 하는 건가 싶을 정도로 많은 사람들이 바다를 즐기고 있었다.

물이 많이 빠졌을 때였는데 도그 패치 포인트 저 멀리서 SUP 서핑을 마치고 보드와 패들을 들고 걸어 들어오는 아주머니 앞으로 집채만 한 골든 리트리버 한 마리가 달려가더니 꼬리를 심하게 흔들어댔다. 반가운 건가? 배고픈 건가? 궁금해서 말을 걸었다.

"개가 아주머니를 굉장히 좋아하네요."

"저를 반기는 게 아니라 자기도 SUP 태워달라고 들이대는 거예요."

생각하지도 못했던 답에 내가 깔깔 웃어대는 중에도 서핑 맛을 아는 개는 집념을 가지고 아주머니를 꼬시려하고 있었다. 아주머니는 "너 아까도 나랑 한 시간 SUP 보드 탔잖니. 이제는 집에 가야할 시간이란다"라고 개에게 설명하고는. 녀석이 매번 이렇게 보드를 타고는 해변에서 신나게 먹고 시원하게 배변하고 또 집으로 돌아가는 차 속에서는 쿨쿨 잠들어 버리기까지 해서 늘 개 팔자를 부러워하게 된다고 했다. 너는 뭐 전생에 나라를 구한 개인 것이니? '개 팔자가 상팔자'라는 말로도 설명하기 부족해 그냥 두 엄지손가락을 치켜 들어줬다.

샌오를 즐기는 다른 사람들의 이야기를 들으며 나도 덩달아 행복감에 빠졌다. 쌀쌀한 겨울이었지만 따뜻한 햇살이 그곳 모든 이들의 마음도 따뜻하게 해주고 있는 것처럼 보였다. 아무리 크리스마스이브라지만 이렇게 행복해도 되나 싶을 정도로 마음이 풍요로워졌다. 이것이 여행이 주는 기쁨이지 생각하니, 다음 여행을 위해 일상을 더 열심히 살아야겠다는 생각이 들었다.

샌오의 원자력발전소는 가동을 멈췄지만 핵폐기물 처리는 오랜 세월 골치거리가 될 것 같다는 뉴스를 최근 접했다. 1950년대 초부터 서핑클럽이 결성돼 캘리포니아 서핑 붐을 일으키는 데 큰 역할을 한 캘리포니아의 와이키키라고 불리는 곳, 여전히 많은 서퍼들과 가족들로부터 사랑을 받으며 오늘도 우리들에게 아름다운 추억을 안겨주고 있는 곳인데, 방사능 유출 지역이라는 비극적 꼬리표를 달게 되지는 않을지 우려가 된다. 그런 비극은 생기지 않기를 간절히 바랄 뿐이다.

빌 스튜어트 서프숍의 셰이핑 룸

셰이퍼, 장인이라 불리는 사람들
서퍼들의 행복을 만들어내는 손길

서프보드 만드는 사람을 셰이퍼(shaper)라고 한다. 서프보드의 기본 틀이 되는 폼(form)을 깎고 다듬어 형태를 잡고 그 위에 파이버글라스(fiberglass, 유리 섬유)를 씌우고 그림을 그리고 레진(resin, 수지)을 발라 단단하게 만든 뒤 핀을 달고 매끄럽게 다듬는 과정을 거쳐야 하나의 서프보드가 탄생한다. 이 과정은 대부분 셰이퍼의 수작업으로 진행된다. 그 과정을 구경하고 싶었다.

이모네 동네에도 세계적으로 유명한 셰이퍼인 빌 스튜어트(Bill Stewart)의 서프숍(Stewart Surfboards)이 있다기에 이메일을 보내 약속을 잡으려 했다. 공손하게 말하려다 보니 이메일이 길어졌는데 돌아온 답장은 매우 심플했다. "언제든 들러!" 아마도 늘 숍 주변에 있다는 얘기인 것 같았다.

'Bill Stewart'로 인터넷 검색을 해보니 흥미로운 기사들이 많이 나왔다. 1984년 더블 콘케이브를 사용한 하이드로 헐(Hydro Hull) 보드를 개발했고 지금은 퍼포먼스 롱보드의 표준이 된 2+1 핀(tri fin) 배열을 발명해 '현대 롱보드계의 아버지'라고 불리며, 퓨처 핀(Future Fin) 시스템 박스의 공동 개발자이기도 하고, 2008년에는 5개 핀을 쓰는 쇼트보드 'S-윙어(S-Winger)', 파도 없는 날 타고 놀기 좋은 작고 통통한 쿼드 핀(핀 4개짜리)의 '파트노커

(Fartknocker)'를 잇달아 발명했다고. 더욱이 역사상 두 번째로 에어브러시로 서프보드에 그림을 그리기 시작해, 1980년에는 〈서퍼 매거진〉(SURFER Magazine)이 뽑은 '최고의 에어브러셔'로 이름을 올린 아티스트라는 설명도 발견할 수 있었다. 서퍼이자 셰이퍼, 발명가이자 아티스트라니 종합 예술인이라 해도 좋을 것 같았다. 그런 분이 집 주변에 산다는 것이 신기했다.

숍에 들렀을 때 빌은 출근 전이었고 셰이퍼 제프(Geoff Madsen)가 한창 작업을 하고 있었다. 작업에 방해가 되는 줄 알면서도 양해를 구하고 잠시 셰이핑 룸을 구경했다. 셰이핑 룸으로 가는 복도에는 주문지가 붙은 폼들이 벽면을 가득 메우고 셰이핑 순서를 기다리고 있었다. 서프보드는 서퍼의 라이딩 스타일과 희망하는 디자인 등을 셰이퍼랑 상의해 맞춤 주문을 하는 경우가 많다. 보기에 간단해 보이지만 디자인의 세밀한 차이에 의해 라이딩 느낌이나 퍼포먼스 성공도가 달라질 수 있기 때문에, 그만큼 숙련된 셰이퍼를 만나는 것이 중요하다.

셰이핑 룸에서는 제프가 폼의 레일을 예리한 눈으로 쳐다보며 갈아내고

있었는데, 양쪽 레일을 동일한 모양으로 갈아내는 것이 쉽지 않아 보여 무슨 기준으로 맞춰 나가냐고 물었더니, 이 일을 30년 넘게 해오고 있고 연간 1,500~2,000개의 서프보드를 셰이핑한다고 했다. '장인에게 철없는 질문했구나' 하는 생각이 들었다. 그림 그리는 작업은 다른 사람이 하는 것 같았지만 마무리 작업은 다 본인이 한다고 하니 상당한 집중력과 체력을 요하는 작업임이 느껴졌다.

다른 한 곳에는 염료통들이 가득 널려 있고 벽에 군데군데 염료들로 낙서가 되어 있었으며, 그 옆에는 도색 단계를 마친 서프보드들이 건조되고 있었다. 서프보드에는 무엇이든 원하는 그림을 그려 넣어 개성을 표현할 수 있다는 것이 큰 매력이다. 나중에 나도 서프보드를 맞춤 주문하게 된다면, 셰이핑은 물론 셰이퍼에게 맡기겠지만 그림만은 내가 직접 그려 보고 싶다. 지금껏 생각해본 것은 하얀 털 보송보송한 북극곰의 뒷모습이나 잔 근육이 제대로 잡힌 남성의 뒷모습 정도(개인 취향이니 태클 금지). 아무튼 서프보드 만드는 작업은 형태를 만들든 표면에 멋을 더하든 지속적으로 창의적인 생각을 해야 하는 작업 같았다.

셰이핑 룸에서 나와 보니 빌이 손님들과 대화를 나누고 있었다. 남미로 서핑 여행을 갈 건데 현재의 퀴버(quiver, 다양한 조건의 파도에 맞춰 골라 탈 수 있도록 구비한 개인의 서프보드 컬렉션)에 하나를 더 장만해 가려 한다는 사람, 지금 쓰는 핀보다 조금 더 쉽게 라이딩할 수 있게 핀을 바꾸고 싶다는 사람, 요즘 체중이 늘어서 보드를 바꾸려 한다는 사람 등 손님들은 각자의 사연을 상세히 털어놓았고 빌은 주의 깊게 들으며 상담을 했다. 숍에 처음 방문한 사람도 있었지만 대부분은 오랜 고객으로, 빌도 그들의 퀴버와 라이딩 스타일 등을 기억하고 있었다. 마치 어딘가 아플 때면 가장 먼저 찾아가고 싶은 주치의 같은 느낌. 신뢰받는 셰이퍼는 서퍼들에게 그런 존재인 것 같다.

아직 생애 첫 보드를 장만하지 못한 나에게 빌은 초보라면 '길고 통통한 보드'를 골라야 한다며 9~10피트의 롱보드들을 보여줬다. 좋은 중고들도 많으니 맘껏 둘러보라며 2층의 중고보드 섹션으로 안내해 줬는데, 긴 보드들을 제쳐두고 6~7피트의 보드들을 만지작거리고 있으니 '저 초보 또 짧은 보드 산다 그러는 거 아냐?' 싶어 걱정이 되었는지 곁을 떠나지 못하고 이것저것 설명해줬다. 서핑은 즐거워야 하는데 짧은 보드를 사면 이러 이러한 이유에서 즐겁기보다는 괴로울 거라는 것이 주된 이야기.

빌은 이제 더 이상 셰이핑 일을 일상적으로 하지는 않지만 그래도 여전히 창작에 대한 새로운 영감이 떠오를 때면 구현해 보기 위해 집 뒤뜰에 디자인 룸을 만들고 있다고 했다. 그리고 창작의 예로 소개해 준 것이 '나이트 스토커(The Night Stalker)'. 나이트 스토커는 2010년 캘리포니아 오렌지카운티(Orange County) 지역 최고의 셰이퍼들이 참가하는 〈빌라봉 아트 오브 셰이핑 : OC 에디션〉(Billabong's Art of Shaping : OC Edition) 이벤트에서 빌이 선보였

던 '야간 서핑'을 위한 서프보드다. 실제로 사람들이 야간에 서핑을 할 거라고 생각하진 않지만(상어는 야간이나 새벽에 먹이활동이 활발한 야행성 어류다), 이벤트 관계자가 세상을 깜짝 놀라게 할 만한 서프보드 제작을 요청해와, 시간에 구애 받지 않고 서핑하고 싶어 하는 사람들의 열정을 표현해 보고자 제작했다고 했다.

데크에 2개의 충전식 헤드라이트를 달고 양쪽 사이드 핀에 LED(발광 다이오드)를 붙여 빛을 밝혔고, 노즈 부분에 투명 아크릴 창을 내 물 밑을 볼 수 있도록 했다. 그리고 전기를 상용화시킨 발명가 에디슨의 모습을 바탕에 그려 넣어 마무리했다. 이것이 빌이 100시간을 투자해 디자인하고 셰이핑한 나이트 스토커의 모습이다. 나이트 스토커는 이벤트에서 열린 자선기금 모금 경매에서 셰이퍼 22명의 작품 중 최고가(5,200달러)를 기록했다고 한다. 서프보드를 이렇게까지 기발하게 만들 수 있는지 상상도 못해본 나로서는 순간 빌이 에디슨보다 더 뛰어난 발명가로 보였다.

환갑을 넘긴 나이지만 남녀노소 관계없이, 영어를 잘하든 못하든, 서핑 지식이 많든 적든 고객들의 눈높이에 맞춰 열심히 설명해주는 모습이나, 어린 아이들 이상의 상상력을 가지고 끊임없이 무엇인가 만들어내는 모습에서 젊음과 열정을 보았다. 셰이핑 과정이 궁금해 들어갔던 서프숍에서 오늘도 여전히 세상을 즐겁게 해줄 새로운 무엇인가를 생각하고 있을 '마르지 않는 샘'을 만난 것 같다.

나이트 스토커(아래)를 만들고 있는 빌 스튜어트

섹스 왁스

어디에 쓰는 물건인고?

서프숍에는 늘 기발하고 유용하고 멋진 서핑 액세서리들이 넘쳐난다. 귀걸이나 반지 등의 장신구를 말하는 것이 아니라 서핑에 도움을 주는 보조물을 뜻하는 액세서리들 말이다.

그래서 서프숍에 들어설 때는 쇼핑을 즐길 기대감에 부풀거나, 반대로 재정 사정이 좋지 않을 때는 지갑 문단속에 신경을 쓰게 된다.

서핑 액세서리 중 가장 기억에 빨리 각인되는 제품은 '미스터 조그의 섹스 왁스(Mr. Zog's Sex Wax)'다. 서퍼라면 모두가 알고 있는 브랜드이겠지만, 처음 보는 이들이라면 살짝 얼굴이 상기될지 모른다. 게다가 '조그(zog)'가 '생식(生殖)'을 뜻하는 단어라는 것을 안다면, 대체 '거시기 씨의 S 왁스'는 어디에 쓰는 물건인가, 이 노골적인 작명 센스를 어떻게 받아들여야 하나 고민에 빠지게 되는 것도 이상한 일이 아니다.

결론부터 얘기하면, 섹스 왁스는 '야한 상상'과는 아무런 상관없는, 서프보드 위에서 미끄러지는 것을 방지하기 위해 사용하는 왁스다. 조그 사의 설립자인 프레드릭 찰스 허조그 Ⅲ세(Frederick Charles Herzog Ⅲ)의 아티스트 친구가 발음하기에 매력적이고 시각적으로도 시선을 끌 수 있도록 이런 이름을 붙였다고 한다. 섹스 왁스는 1972년 캘리포니아의 어느 집 창고에서 만들어지기 시작해 지금까지도 사랑받고 있다. 여러 가지 오해를 사면서도 알고 나면 재미있어 소비자의 시선을 사로잡는 데에는 탁월한 브랜드명이다.

섹스 왁스는 코코넛, 딸기, 포도 등의 향기도 가지고 있어 후각으로도 기억된다. 꽃향기를 맡으면 힘이 솟는 만화 주인공 꼬마자동차 붕붕처럼, 섹스 왁스의 향기는 서핑을 하고 싶게 만드는 비상한 능력을 지닌 것 같다.

어느 날 이모 집 근처의 서프숍에 들러 이 왁스 저 왁스 상표 디자인을 살펴보고 냄새도 맡아보며 뭘 살까 고르고 있었다. 당장 쓰지 않을 거라도 몇 개 사두면 언젠가는 다 쓸 테고, 값도 1달러 정도이니 좋은 기념품이 되겠다 싶었다. 그런데 초등학생인 사촌 동생과 함께 갔던 터라 괜한 오해를 살까 은근히 신경 쓰였다. 양손에 섹스 왁스 하나씩 들고 사촌 동생이 못 보게 등을 돌리고 서서 냄새를 맡아 보고 제자리에 내려놓는데, 그 모습이 웃겼는지 카운터 앞에서 계산 순서를 기다리던, 서퍼일 것으로 보이는 할아버지께서 껄껄 웃으셨다. 음, 내가 왁스에 너무 가까이 코를 대고 킁킁거리기는 했다. 특별히 잘못한 건 없지만 괜히 쑥스러웠다. 아마 이런 에피소드는 1972년부터 매일 같이 이어져 왔을 것이다.

2003년 작 영화 〈미녀 삼총사 2〉에도 섹스 왁스에 얽힌 에피소드가 나온다. 미녀들이 사건의 실마리를 찾기 위해 살해 현장을 방문했을 때, 카메론 디아즈(이하 '카')와 경찰관(이하 '경')은 이런 대화를 나눈다.

카 : (문틈에 묻어 있는 왁스 잔여물의 향기를 맡아 보고는 혼잣말하듯) 파인애플. 오 섹스 왁스네. 너의 스틱에 제일 좋지.

경 : 뭐라고요??

카 : 살인자는 서퍼네요. 그는 집에 들어오기 위해 서프보드에서 왁스를 긁어낼 때 이용했던 같은 신용카드를 이용했어요.

경 : 이런 XXXX 서퍼 같으니라고!

여기서 스틱(stick)은 서프보드를 칭하는 다른 표현이고, '너의 스틱에 제일 좋지(Best for your stick)'라는 말은 섹스 왁스 상표에 쓰여 있는 문구다. 섹스 왁스라는 제품의 상표와 용도를 모른다면, '19금' 수위의 말로 오해하기 딱 좋은 발언인 거다.

서핑 액세서리들이 흥미를 끄는 이유는 아마도 서퍼들의 필요에 의해, 서퍼들의 머리에서 나온 아이디어로 만들어졌기 때문일 것이다. 서퍼가 아니라면 전혀 쓸모없다고 생각할 물건도 서퍼들이 볼 때는 무릎을 탁 칠 만큼 유용한 아이디어 상품일 수 있다.

서핑 액세서리의 세계는 오늘도 재미있는 아이디어들이 더해져 진화하고 있음이 분명하다. 다음번에 숍에 들르면 또 어떤 액세서리들이 진열대에서 유혹의 눈빛을 보낼지 벌써부터 궁금해진다.

서프숍의 액세서리들

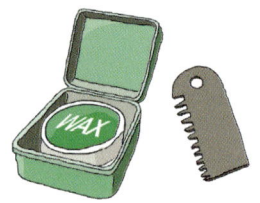

서프 왁스
서프보드 위에서 미끄럽지 않도록 하기 위해 데크에 바르는 것. 데크에서 손과 발이 닿는 부분에 베이스코트(base coat)를 먼저 바르고 그 위에 트로피컬(tropical), 웜(warm), 쿨(cool), 콜드(cold) 등 수온에 맞는 서프 왁스를 덧바른다. 즉 더운 곳에서는 단단한 왁스를, 추운 곳에서는 부드러운 왁스를 쓴다. 데크 위에 가로 세로 격자무늬 줄을 그린 후 원을 그리듯 돌려가며 발라, 왁스 알갱이가 작게 뭉쳐지도록 한다.

왁스를 바른 서프보드에 모래가 붙거나 서프보드의 표면이 더러워지고 끈적끈적해지면 왁스를 싹 벗겨내고 새로 바르는 것이 좋다. 햇볕에 노출시켜 왁스를 녹인 후 스크래퍼나 신용카드 등으로 긁어내면 잘 벗겨진다. 서프 왁스 상표는 섹스 왁스 외에도 미시즈 팔머스(Mrs. Palmers), 스티키 범프스(Sticky Bumps), 왁시 왁스(Waxy Wax), 마이티 마운즈(Mighty Mounds) 등 다양하다.

왁스 케이스 서프 왁스를 담아두는 케이스. 케이스를 사용하지 않고 왁스를 아무데나 둘 경우에 왁스가 녹아 낭패를 볼 수 있다. 특히 햇빛 좋은 날 차의 대시보드 위에 둔다면…… 무엇을 상상하든 그 이상을 목격하게 될지 모른다. 왁스를 긁어 울퉁불퉁하게 만들거나 아예 벗겨낼 때 쓰는 왁스 콤 & 스크래퍼(comb & scraper)가 함께 들어 있는 제품도 있다.

트랙션 패드 또는 데크 패드(traction pad, deck pad) 서프보드는 방향 전환 시 테일(뒷발이 놓이는 곳)에 무게중심을 두고 컨트롤할 때가 많기 때문에 뒷발이 미끄러지지 않도록 하기 위해 테일 쪽 데크에 트랙션 패드를 붙인다. 트랙션 패드를 붙인 곳에는 서프 왁스를 바르지 않는다.

핀 키(fin key) 핀을 장착할 때 쓰는 작은 렌치. 모든 것을 준비했어도 핀 키를 빠뜨렸다면 정말 난감해진다. 핀의 브랜드(FCS, Future 등)에 따라 핀 키 모양이 다르다.

서핑용 시계

방수는 물론이고 전 세계 서핑 스팟의 물때와 나의 서핑 기록(서핑한 시간, 패들이동경로, 라이딩 횟수, 최고 스피드 등)을 확인할 수 있는 시계. 서핑 기록을 데이터화하여 평생 저장할 수 있고 소셜미디어를 통해 공유할 수도 있다.

스타워즈 놀이가 가능합니다.

I'm your father!

타올 판초

보온을 위해 래시 가드나 웨트수트 위에 덧입는 의류. 탈의시설이 마땅치 않은 서핑 스팟에서 옷을 갈아입을 때도 많이 활용된다. 수건으로 대충 가리고 탈의를 하다가 낭패를 보고 나면 하나 정도는 사게 된다.

쪼리

해변에서 신는 슬리퍼. 엄지와 둘째 발가락 사이에 줄을 끼우게 되어 있어 일반 슬리퍼보다 덜 벗겨진다.

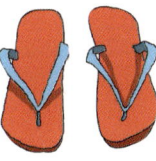

서핑용 모자

턱 밑에 스트랩(끈)이 있어 강한 바람이나 파도에도 벗겨지지 않아 효과적으로 자외선을 차단할 수 있다.

물갈퀴 장갑 (webbed glove)
패들링 기능을 향상시켜 준다는 장갑. 효과적인 패들링이 도저히 안 될 때 최후의 방법으로 사용해볼 수 있다. 하지만 실제로 이용하는 사람은 별로 없다.

고무 바구니 젖은 의류를 담기 좋은 바구니. 해변에서 발이나 웨트수트에 모래가 묻지 않도록 하기 위해 바구니 안에 들어가 옷을 갈아입기도 한다.

자동차 열쇠 보관함(car key box)
자동차 열쇠를 보관할 수 있는 작은 금고. 서핑 트립 시 유용하다.

트래블 노즈 가드 & 테일 가드(travel nose guard & tail guard) 서핑 트립 시 노즈와 테일을 보호하기 위해 사용하는 제품. 서프보드의 노즈와 테일의 모양에 맞는 제품을 골라야 한다.

서프보드 삭(sock) 세탁이 쉽고 내구성과 신축성이 좋은 아크릴 섬유로 만든 얇은 주머니. 이동하는 차 안이나 실내에 서프보드를 놓을 때 스크래치를 방지하고 왁스가 다른 곳에 묻지 않게 하기 위해 씌운다.

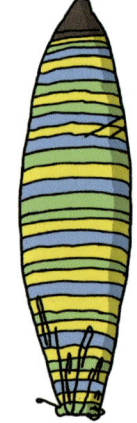

서프보드 백(bag) 약간의 쿠션이 들어 있어서 서프보드를 보호한다. 서프보드를 한 개 넣을 수 있는 것은 싱글 백, 두 개 넣을 수 있는 것은 더블 백이라고 부른다. 해외여행 시 서프보드 파손의 위험을 최소화 해주는 단단한 케이스도 있다.

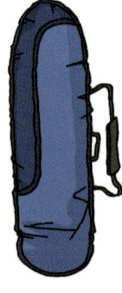

카 시트 커버(car seat cover) 젖은 웨트수트를 입은 채 차에 탈 수 있도록 의자에 까는 커버. 서핑 스팟을 이동하며 서핑할 때 유용하다.

자석 옷걸이 고리 차에 옷걸이를 걸 수 있도록 자석을 이용해 부착하는 고리. 자석 부분에 실리콘 커버가 씌워져 있어 차에 상처를 내지 않는다.

서프보드 랙(surfboard rack) 서프보드를 싣고 장거리를 이동할 수 있도록 자전거/스쿠터용, 차량용 랙이 다양하게 개발되어 있다. 차량용 랙은 탈부착이 쉬운 소프트 랙(soft rack)과 차에 고정시켜 놓는 하드 랙(hard rack)이 있다. 차량용 랙에 서프보드를 올릴 때는 테일이 차량 앞쪽으로 오고 데크는 아래를 향하게 올리는 것이 맞다. 데크를 위로 향하게 놓으면 태양열에 의해 왁스가 녹아내릴 수 있다. 보드를 여러 장 겹쳐 얹는 경우에는 보드 삭, 보드 백을 이용하든지 보드와 보드 사이에 수건 등을 넣어 파손을 방지한다.

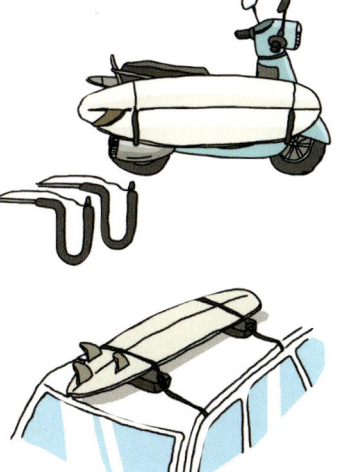

샌클레멘티 해변

나의 첫 서프보드
나만의 보드 그리고 해변의 친구들

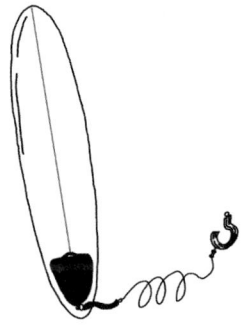

중고 보드? 새 보드?

누구나 자신의 첫 서프보드를 잊지 못한다고 한다. 어떤 보드를 사야 할지 고민도 많았고, 형·누나 보드를 얻어 타느라 설움도 느낀 끝에 손에 쥐게 되는 것이어서, 또한 서핑의 세계에 본격적으로 발을 들여놓았다는 증거이기 때문에.

진짜 첫 서프보드를 사기까지 실수할 뻔한 경험도 많았고 소유욕을 참느라 힘들기도 했는데, 캘리포니아에 간 김에 그곳에서 타고 놀다가 가지고 올 서프보드를 구입하고 싶었다. 예전에는 예쁜 보드들이 탐났지만 보드가 생각보다 쉽게 망가진다는 사실을 알고부터 그런 생각은 차츰 없어졌고, 그냥 재미있게 탈 수 있는 보드면 뭐든 좋을 것 같았다.

9′ 가량의 롱보드에는 적응을 했다 싶어서 8′ 가량의 펀보드를 구입하고 싶었고, 적당한 중고 제품이 있다면 더 좋을 거라 생각했다. 아무리 조심이 간수한다고 해도 타다 보면 다들 살살 파손되고 그러던데 새 보드에 흠집 가는 걸 보자면 마음 아플 것 같고, 중고 보드로 맘 편히 부서질 때까지 열심히 타

고 영광스럽게 새 보드를 사자는 야무진 꿈도 꿨다. 중고를 사려거든 중고차를 살 때처럼 어디 심하게 망가졌던 것을 교묘히 가려놓은 것은 아닌지 잘 살펴보고 사라고들 하는데 그런 점은 잘 찾아낼 수 있을 것 같았다.

한편으로는 이런 계산도 있었다. 서프보드를 한국으로 가져오려면 항공사의 규정에 따라 수화물 추가비용이 발생한다. 내가 이용한 항공사는 편도 당 서프보드 백 1개(백 1개에 서프보드 2개까지 허용)에 200달러를 더 내야 했다. 제품에 따라 차이는 있겠지만 대략 새 펀보드가 700~800달러라고 할 때 중고는 400~500달러인데, 새 보드에 수화물 비용까지 더하면 너무 지출이 커진다. 그럴 바에야 캘리포니아에서는 빌려 타고 놀다가 한국서 사는 것이 더 낫겠다 싶었다. 유별난 보드를 원하는 것도 아니고 지극히 평범한 보드를 살 생각인데다가 한국 숍에도 서프보드들은 많다.

근처 숍에 8′의 중고 보드가 있는지 전화를 돌려 보았는데 마땅한 것이 없었다. 초보자면 9′ 정도를 타라는 얘기들을 하는데, 그 1′ 차이가 뭐라고 그렇게 8′에 집착하게 되던지……. 그런데 한 숍에서 7′10″의 펀보드가 있는데 연말 세일 중이라고 해서 갔다. 아무 무늬 없는 하얀 폴리우레탄 보드였는데, 내가 타기 딱 좋을 것 같아서 바로 결정을 했다. 계산을 마치고나서 중고가 어떻게 이렇게 깨끗할까 감탄하며 영수증을 보니 '뉴 보드(New Board)'라고 당당히 찍혀 있는 것이 아닌가. 하긴 통화할 때 숍 직원이 좋은 가격의 7′10″ 펀보드가 있다고 했지 중고라는 말은 안 했다.

어처구니없는 일이지만 이렇게 나는 좋은 가격에 새 보드를 손에 넣었고 마음에 들었다. 서프보드 백과 차에 보드를 싣기 위해 루프 랙을 사고, 판초도 하나 사고 기타 등등 신나게 구입했다. 나의 짧은 서핑 역사상 가장 큰 지출을 한 날이었다.

앗 왁스!

다음날 설레는 마음으로 일찍 바다에 나갔다. 안개 낀 아침이었지만 샌클레멘티 해변에는 언뜻 보기에도 대여섯 명쯤 되는 서퍼들이 열심히 파도를 타고 있었고 한두 명씩 계속 새로 도착하고 있었다.

아직 뽀드득 뽀드득 뽀송뽀송한 내 보드에 책에서 본 대로 성심성의껏 왁스를 발라주려는데, 아뿔싸, 차 트렁크에 두고 내렸다. 어젯밤 분명히 베이스 코트와 왁스를 챙겨 두었는데, 흐흑. 차는 2시간 뒤에 픽업 올 예정이고, 흐흐흑. 이런 실수 보통 잘 안 하는데, 이거 뭐 초보로서 낼 수 있는 티는 다 내보고자 이러는 건가. 그래서 쭈뼛쭈뼛 멀뚱멀뚱 하다가 착하게 생긴 청년에게 왁스를 빌려 바르고 입수했다.

　우선 나의 '절친'인 거품 파도에서 한두 번 타보니 내 보드는 나랑 죽이 잘 맞을 것 같았다. 평소 타던 것보다 짧아 어색하긴 했지만 테이크 오프가 잘 되니 곧 익숙해질 듯했다. 그래서 라인업으로 진출하려는데, 자꾸 파도에 맞고 터틀 롤을 해봐도 밀리는 것이 영 어려웠다. 몇 번을 시도하다가 그냥 절친 곁에 남기로 했다. 이 넓은 바다의 거품 파도는 다 내꺼라며.

　나름 신나게 놀고 있는데 저 멀리 라인업에서 어떤 중년 아저씨가 자꾸 쳐다보는 것이 느껴졌다. 내가 헤매는 모습이 보기 힘들었던 걸까? "음, 전 제가 알아서 잘 노는 스타일이니까 아저씨 파도나 잘 잡으시라고요." 혼자 한국말로도 떠들어봤다. 어차피 주변에 아무도 없고 한국말이라 못 알아들으실 테니까.

　거품이라고 만만하게 볼 수는 없다. 세게 부서진 거품에 한번 말렸다가 리시가 양 발목에 감기는 바람에 마치 리시에 목이라도 졸린 양 긴장도 됐다. 3초면 수면 위로 올라갈 줄 알면서도 그 3초가 3분은 되는 것처럼 느껴졌다. 그래서 잠시 쉬는 시간도 가졌다. 집에서 싸가지고 나온 블랙베리 & 라즈베리도 생각나고, 물도 좀 마시고 싶었다.

그렇게 숨을 고르고 있는데 그 중년 아저씨가 오시더니 "보드 좋네. 어디서 샀어?"라고 말을 걸며, 결국은 아까부터 하고 싶었을 듯한 얘기들을 해주고 가셨다.

보드를 들고 갈 때는 노즈가 앞으로 오고 핀이 내 몸 안쪽으로 오게 들어야 한다, 거품 파도를 뚫으려 할 때 이도 저도 안 되면 보드 노즈를 손으로 꽉 잡고 다이빙해봐라, 지금은 파도가 세서 초보자는 라인업에 나가지 않는 것이 좋다 등등. 역시 내가 타는 게 답답해서 그렇게 쳐다보셨던 거였다. 아저씨는 이 말씀을 하시고 사라지셨다. "항상 겸손하고, 집중하고 그리고 좌절하지 마라(Always stay humble, keep focused and don't get frustrated)!" 이거 아마도 오랜 세월 이 해변을 스쳐간 많은 초보 서퍼들에게 해준 말씀 아닐까 싶다.

매일 아침 이렇게 바다에 나오면 많은 것을 배울 수 있을 것 같았다. 아저씨는 서핑 가르쳐 주시고 나는 먹을 거 싸오고. 나도 이 정도 영어는 할 줄 아니까. 우쥬 라이크 썸띵 투 드링크?

©이윤미

너 여기 처음 왔니?

그렇게 아침 서핑을 마치고 오후에는 말리부(Malibu)로 향했다. 그 이름을 딴 자동차 광고가 한국에서 한창 방영될 때였던 터라 수질이 좋지 않다고 해도 호기심을 저버릴 수 없었고, 또 1960년대 미국 서핑 역사에 큰 역할을 한 곳이라니 꼭 가보고 싶었다.

퍼시픽 코스트 하이웨이(Pacific Coast Highway)를 타고 쭉 북쪽으로 올라가 말리부에 도착, 어느 해변으로 가야 할지 몰라 식당에 물어보니 오늘 파도는 높지 않은 것 같지만 서프라이더 비치(Surfrider Beach)로 가보라고 한다. 서프라이더 비치 주차장에 차를 대고 신나는 마음으로 보드를 꺼내 해변으로 갔다. 오른쪽으로 깨지는 파도가 유명한 해변이라더니, 제일 먼저 눈에 들어온 건 저 멀리서부터 피어 쪽으로, 정확히 얼마나 될지는 모르겠지만 200~300미터는 되어 보이는 파도를 나눠 타고 있는 광경이었다. 그리고 또 눈길을 끈 것은 수영구역과 서핑구역이 나뉘어 있음을 알려주는 안내판. 참 명쾌하다.

바닥은 자갈과 켈프(kelp, 다시마과에 속하는 대형 해초)로 가득했다. 물이 깊진 않았지만 그 위를 걸을 수가 없어서 패들해 나갔는데 켈프가 손에 닿으면 혹 물뱀에라도 스친 듯해 등골이 서늘했다. 식당 직원의 말대로 파도가 세지 않았던 터라 라인업까지 쉽게 가 귀퉁이에 자리 잡았다.

그런데 고작 12~14세쯤 되어 보이는 여자애가 턱으로 날 가리키며 매우 당돌하게 말을 건넸다. "여기 처음이니(You new, here)?" '어 넌 말리부 로컬이니? 근데 어디서 턱을 치켜 드냐?' 싶기도 했지만 '야, 나 처음이다. 좀 놀아주라' 하고 싶은 마음이 더 컸다. 그래서 일단 짧게, 정말 짧게 대답했다. "어, 처음이야(Yes)!" 그런데 이 아이, 듣는 둥 마는 둥 파도를 잡아타고 가버린다. '야 꼬맹이, 너 뭐냐……'

온갖 파도를 독식하는 에너자이저 롱보더 아저씨가 한 명 있었다. 좋은 파도가 오는 족족 잡아타니 그가 버린 파도만 타야하는 게 쉽지 않았다. 그 모습을 보더니 어느새 라인업으로 돌아온 꼬맹이가 혼잣말하듯 말했다. "또 저 아저씨가 잡아타는 거야(Again)?" 그러더니 날 쳐다보며 다급하게 외쳤다. "또 파도 온다(Another's coming)!". '어, 그러니까 너 지금 나랑 놀아주는 거

냐?' 크크, 내 나이가 세 배는 되어 보이는데, 서핑은 그 아이가 훨씬 잘하는 것 같으니 그저 같이 노는 게 즐거웠다. 심지어 내가 잘 타면 엄지손가락도 치켜 올려주고(고맙다 고마워!), 좀 어기적어기적 라인업으로 돌아가려 하면 저 멀리 파도가 온다며 빨리 오라고 손짓도 해주고……

한 번은 리시가 켈프에 엉켜 급정거, 슈퍼맨 자세로 공중부양을 하며 튕겨져 나가 잠시 요단강을 건너는 아찔함을 맛봤다. 그리고 라인업에 돌아오니 이 꼬마 친구, 또 "뭔 일이었어(What happened)?" 하고 묻는다. '켈프……, 수퍼맨……, 요단강…….' 설명하려다가 긴 영어가 될 거 같아 그냥 웃고 넘어갔다. 왠지 이 아이는 몇 년 뒤 다시 보아도 이 라인업에 있을 것 같다.

가봐야 할 시간이 되어 아쉽게 물에서 나왔다. 돌밭에서 뒹굴어 발은 군데군데 상처가 났지만 즐거운 시간이었다. 어이 꼬맹이, 이 언니가 그해 겨울 너의 밝은 미래를 위해 잠시 기도해 주었다는 것을 너는 모를 것이다. 고작 반나절이었지만 샌클레멘티 중년 아저씨도, 말리부 꼬맹이도 좋은 친구가 될 수 있을 것 같았다. 알로하!

말리부 서프라이더 비치

즐거웠던 느낌만은 또렷한,
아련한 추억 속 어느 날

ⓒ캘리포니아 서프 박물관

캘리포니아 서프 박물관
옛 서퍼들의 숨소리를 듣다

캘리포니아 여행을 계획하며 꼭 가보고 싶었던 곳 중 하나가 캘리포니아 서프 박물관(California Surf Museum)이었다. 역사를 좋아하는 것은 아니지만 그런 곳에는 흥미로운 책(그 중에서도 그림책)이나 매력적인 기념품이 있을 것 같아 구미가 당겼다.

캘리포니아 서프 박물관은 샌디에이고 오션사이드(San Diego Oceanside) 지역에 위치해 있다. 오션사이드 해변에서 두 블록 내륙으로 들어가면 노즈 라이딩(nose riding)하는 서퍼의 조각으로 장식된 하얀 건물이 보이는데 그게 바로 박물관이다.

내가 갔을 때는 〈한센 서프보드의 50년 역사 회고전〉과 〈1966~1972 쇼트보드로의 전환기 이야기〉 전시가 열려, 관계된 인물들의 스토리와 서프보드의 과학적 작용 원리 등을 글과 사진, 의복, 서프보드, 영상 등을 통해 상세하게 소개하고 있었다. 전시장은 한눈에 둘러볼 수 있을 정도로 아담한 규모였지만, 전시물들을 보고 있자니 엄청난 정성과 노력이 담겼다는 느낌을 받을 수 있었다. 영어 자료를 읽느라(읽는 척만 한 거 아니고, 꽤 읽었다) 한동안 들여다봐도 피로하지 않았던 걸로 봐서는 조명이나 음향, 습도 등도 잘 맞춰져 있

지 않았나 싶다.

전시장 출구 쪽에는 영화 〈소울 서퍼〉의 주인공인 베서니가 상어에게 공격당했던 날 사용한 실제 보드와 수영복이 전시되어 있어 사람들의 시선을 끌었다. 내 앞날에 무슨 일이 있을지는 모를 일이지만, 너무 좌절 말고 베서니처럼 역경을 극복해보자는 생각을 잠시 했다.

여기까지가 일반에 공개된 전시물이었는데, 박물관 직원 중 서울 태생인 샘(Sam Zuegner)을 만나 일반에 공개하지 않는 창고와 기록물 보관소(Archives)까지 운 좋게 구경할 수 있었다. 어려서부터 미국에서 자랐다는 샘은 한국말은 전혀 못했지만, 한국인의 방문은 처음인 것 같다며 무척이나 반겨주었다.

창고 문을 열자 역사적 가치가 상당히 있을 것 같은 많은 물품들이 보였다. 100년이나 된 서프보드부터, 3차례 세계 챔피언을 따낸 촉망받던 선수였지만 2010년 안타깝게 세상을 떠난 앤디 아이언스(Andy Irons)의 보드, 1994년부터 4년 연속 여성 세계 챔피언을 지낸 리사 앤더슨(Lisa Anderson)의 보드 등등 다 열거할 수 없이 많은 서프보드들이 언젠가는 기획될 또 다른 전시회를 위해 보관되어 있었다. 캐비닛과 서랍들에도 서류, 그림, 사진 등이 잘 분류되어 들어 있던 것으로 보아, 자료 정리 및 전시 기획을 담당하는 전문 인력과 자문단이 탄탄한 것 같았다.

이 모든 물품들은 서핑을 사랑하고 건전한 서핑 문화가 더욱 잘 보존되길 바라는 많은 이들이 기증해 모인 것들이라고 했다. 전시장 내 사진 촬영은 금지되어 있지만, 창고에서는 사진을 찍을 수 있게 해줘 맘껏 사진을 찍을 수 있었던 것도 큰 기쁨이었다.

기록물 보관소이자 이사회 위원들이 회의를 하는 방에도 가보았다. 국회 의장석과 맞먹을 정도로 엄한 분위기를 풍기는 의자와 회의 테이블이 있어서 얌전히 있었더니 샘이 앉아 봐도 된다고 했다. 그 말이 끝나기가 무섭게 거만하게 앉아 보았다. 맞은편 벽 문을 열자 300여 권의 책과 400여 개의 영상물 그리고 온갖 잡지들이 빼곡히 꽂혀 있는 책꽂이가 보였다. 사료의 보존을 위해, 일부 잡지를 제외하고는 모두 흰 면장갑을 껴야만 만져볼 수 있다고 했다. 1년 365일 이 방 안에서만 놀아도 지루하지 않을 것 같았다. 간식만 넣어 준다면.

그 중 샘이 자신이 소개된 잡지도 있다며 살짝 흥분한 모습으로 몇몇 잡지를 꺼내 펼쳐 보여주었는데, 정말 근사한 사진들이 실려 있었다. 샘은 잡지 속 자신의 멋진 모습을 보며 잠시 추억에 젖는 듯했고, 그런 사진을 찍혀본

적 없는(그렇게 타본 적 없는) 나는 마냥 부러웠다.

다음으로 박물관의 백미(?)인 기념품 숍에서 또 한참 시간을 보냈다. 독창적 디자인의 카드 · 엽서부터 주얼리, 의류, 장식품, DVD, 포스터 등이 흥미로웠고 각종 서핑 서적들도 시선을 끌었다. 그 중에는 저자 사인이 담긴 책들도 있어 몇 권 '득템'해 왔다.

구매한 기념품을 계산하고 포장이 다 되기를 기다리고 있는데, 직원이 "여기서는 가능한 한 쇼핑백과 비닐지 등을 재활용하여 사용하고 있다"고 했다. 그래, 그래야지! 서핑을 하면서 더욱 절실히 느끼게 되는 자연의 소중함을 모범적으로 실천하고 있는 곳이라는 생각이 들었다.

캘리포니아 서프 박물관은 이런 전시회 외에 다양한 이벤트를 열고 있다고 한다. 서핑 수집품 교류 모임, 저자 사인회, 서핑 사진 전문가 강연회, 영화 상영, 음악 콘서트 등등을 연중 계획으로 마련해 서핑 애호가들이 지속적으로 교류하고 뜻 깊은 서핑 문화를 확산해나갈 수 있도록 돕는다. 서핑의 오랜 역사를 차곡차곡 정리해 가며 또 다른 역사를 생산해 내고 있는 것이다.

서핑의 역사를 들여다보며 많은 지혜와 아이디어를 얻는다. 음악, 미술, 영화 등 문화의 파급력에 대해 생각해 보고, 2차 세계대전 후 미국의 분위기를 새롭게 이해해 보며, 여성 서퍼들의 이야기를 읽으면서 새삼 용기를 얻기도 한다. 고등학교 때 배웠던 세계사는 이야기라기보다는 단순한 정보의 나열 같아서 참 재미없었는데, 서핑의 역사에는 선조들의 숨소리가 생생하게 담겨 있는 듯해 재미있다. 역시 공부는 재미있게 해야 한다.

영화 〈소울 서퍼〉 주인공 베서니의 서프보드
ⓒ캘리포니아 서프 박물관

서핑의 역사

서핑의 기원

서핑은 하와이나 타히티에 살았던 고대 폴리네시아 사람들이 시작한 것으로 추정된다. 1767년 유럽 선원들이 타히티 연안에서 길고 무거운 보드를 이용해 물 위를 걸어가는 폴리네시아인들을 본 뒤 서양에 서핑이 알려지게 되었다고 한다.

당시 폴리네시아인들에게는 서핑이 사회적 신분 및 정치권력을 얻는 방법이었다. 서핑 실력이 뛰어난 사람이 마을의 우두머리가 될 수 있었고, 당시 지배층은 가장 훌륭한 보드와 해변을 소유했으며, 지위가 낮은 사람들도 서핑 실력을 증명하면 신분 상승이 가능했다.

서핑의 기록

서핑이 처음 문서로 기록된 것은 영국인 탐험가 제임스 쿡(James Cook) 선장의 항해일지다. 쿡 선장은 1777년 타히티에서 아우트리거 카누로 서핑하는 사람들을 보았고, 1778년 하와이에서 보드 위에 서는 서핑을 목격했다고 기록하고 있다. 1800년대 하와이 섬들을 방문한 유럽 선교사들에 의해 모든 원주민들의 문화가 금지되어 서핑도 쇠락의 길을 걷다가, 여전히 서핑을 할 줄 알고 보드를 만들 줄 아는 일부 하와이 원주민들에 의해 서핑이 후세로 전파되었다.

고대

오늘날

근대의 서핑

서핑이 근대적인 스포츠로 자리를 잡게 된 것은 1900년대 초반 듀크 파오아 카하나모쿠의 노력 덕분이다. 하와이 출신의 미국 올림픽 수영 자유형 금메달리스트였던 듀크는 하와이 와이키키에 서핑클럽을 열고, 호주와 미국 각 지역에서 초대를 받을 때마다 서핑을 전파해 '근대 서핑의 아버지'로 불린다.

서핑과 대중문화

서핑 인구는 1960년대 초 미국 캘리포니아를 중심으로 한 음악, 영화, TV 프로그램 등의 영향을 받아 폭발적으로 늘어나기 시작했다. 16세 소녀가 말리부에서 서핑을 접하며 겪게 되는 이야기를 담은 영화 〈기젯〉(Gidget. 1959년)은 세계인의 시선을 사로잡았고, 경쾌한 리듬을 특징으로 하는 딕 데일(Dick Dale)의 〈Let's Go Trippin'〉(1961년), 샨테이스(the Chantays)의 〈Pipeline〉(1963년), 서파리즈(the Surfaris)의 〈Wipe Out〉(1963년), 벤처스(the Ventures)의 〈Walk-Don't Run〉(1960년) 〈Hawaii Five-O〉(1964년), 비치 보이스(the Beach Boys)의 〈Surfin'〉(1961년) 〈Surfin' U.S.A.〉(1963년) 등의 서프 음악이 빅 히트를 치면서 서핑을 세계에 알리는 획기적인 역할을 했다.

우리나라의 서핑

우리나라에서는 1990년 재일교포 이창남 씨가 제주도를 기반으로 서핑을 보급하는 한편 주한 외국인과 유학을 다녀온 한국인들에 의해 서핑이 알려지기 시작했다. 1990년대 중반과 2000년대 초반 제주와 부산 등에서 서핑클럽이 창단되었고, 지역 서퍼들이 인터넷을 통해 교류하고 활발한 활동을 벌이면서 서핑이 활성화되었다. 2008년 KSA 대한서핑협회가 조직되었고, 2009년부터는 국제서핑협회(ISA)의 53번째 국가로 정식 등록되어 활동하고 있다.

※ 참고 : www.surfingforlife.com, www.surfingheritage.org
※ 도움말 : 제주서프클럽, KSA 대한서핑협회

딩 수리

간 단 한 수 리 는 내 힘 으 로

겉으로 보기에는 단단해 보여도 서프보드는 정말 망가지기 쉬운 물건이다. 들고 가다가 아스팔트 위에 떨어뜨리거나 벽에 기대어 세워두었다 옆으로 쓰러지기라도 하면 거의 틀림없이 서프보드 표면에 상처가 생긴다. 이러한 상처를 총칭 '딩(ding)'이라고 한다. 딩이 생겨 서프보드 속으로 물이 들어가면 보드가 무거워지고 변색되기 때문에 딩을 발견했으면 물 밖으로 나와 방수 테이프로라도 응급조치를 해야 한다.

서핑 초보자든 숙련자든 서핑을 하다 보면 서프보드에 딩은 생기게 마련이다. 물속에서 보드와 보드끼리 부딪히거나 보드가 암초에 부딪혀 딩이 생기는 일까지 다 막을 수는 없다. 그러니 보드에 딩이 생겼다고 너무 안타까워할 일은 아니다.

캘리포니아를 떠나오기 전날 저녁, 욕심을 내 중고 7′ 서프보드를 하나 더 샀다. 어차피 보드 백 1개당 200달러의 추가비용이 드는데 백에는 보드 2개까지 넣는 것이 허용된다고 하니 하나 더 채워오고 싶었다. 그리하여 이제 짐을 잘 싸서 들고 갈 일만 남았다. 서프숍 직원들에게 물어보니 옷가지나 웨트 수트를 보드 사이에 넣고 레일 부분도 수건으로 감싸 잘 여미든지, 에어캡(일명 뽁뽁이)으로 둘둘 말아서 보드 백에 넣으면 문제없을 거라고 했다.

어차피 가방에 넣어야 할 옷가지는 넘치는 판이니 옷으로 보드를 감싸 보드 백에 잘 넣어보자 싶었다. 그래서 그날 밤 이모네 차고에 자리를 펴고 앉아 장시간 작업을 했다. 우선 차고 구석에 쌓여 있던 종이상자를 잘라 보드의 노즈와 테일, 레일을 감싸 종이테이프로 붙이고, 데크와 바텀을 감쌀 수 있도록 전체적으로 면 티셔츠 여러 장을 덧대어 한 번 더 붙였다. 머리부터 발끝까지 붕대로 칭칭 감아 놓은 미라처럼 잘 감쌌다. 그리고 보드와 보드 사이에는 웨트수트 하나, 티셔츠 두 장 정도를 껴 넣어 두 장의 보드를 보드 백에 꾹꾹 쑤셔 넣고 잘 안 잠기려는 지퍼를 억지로 잠갔다. 처음 해보는 거였지만 완벽한 듯했다.

다만 다 싸놓고 보니 풀 일이 걱정됐다. 혹시나 비행기 화물 운반 시 서프보드에 파손이 생기면 도착지 공항 현장에서 짐을 풀어 확인해보고 항의해야 그나마 조금이라도 보상을 받을 수 있다고 들었는데, 저런 미라가 된 서프보드를 공항에서 풀고 있을 생각을 하니 꼴이 너무 우스울 것 같았다.

그렇게 짐을 싸들고 공항으로 갔다. 공항 터미널 입구에 한 발 들여 놓기가 무섭게 공항 직원이 저쪽으로 가라고 안내했다. 그쪽을 쳐다보니 동물, 서프보드, 규격을 벗어난 큰 짐 등을 담당하는 수화물 창구가 있었다. 한국에서 항공사에 확인해 보았기 때문에 틀릴 리 없었지만, 혹시나 너무 길어서 못 싣는다든지 너무 무겁다든지 하지는 않을지 조마조마했다. 예상한 금액 외에 더 돈을 쓰고 싶지도 않을 뿐더러 못 실어준다 그러면 이 곤란한 사태를 어찌 해야 하나 싶었다. 그러나 예상대로 200달러만 내고 무사

통과. 그렇게 짐을 부치고 서울로 향했다. 인천공항에 도착해 대충 보드 백을 풀어 옷가지 등을 뜯어내고 노즈와 테일, 레일 등을 살펴보니 별 문제가 없어 보였다. 보드 백이 좀 긁히고 찢기긴 했지만 그 정도는 참아줄 만했다. 그래서 나의 첫 서프보드를 짊어 싸매 들고 집에 와서 짐을 풀었는데 웬걸, 데크에 미세한 금이 30cm 이상씩 두 군데나 가 있고 레일에도 1cm 가량의 약한 딩이 나 있었다. 분명 공항 현장에서 항의해야 한다고 했는데 제대로 못한 게 한심해서 다음날 출근 준비는 뒤로 한 채 새벽까지 증거자료 정리하기에 열을 올렸다. 파손된 부분의 사진을 찍고, 며칠 전 산 서프보드고 어제 새로 산 보드 백이라는 것을 보여주는 영수증도 찾고 하여 다음날 바로 항공사 화물 담당자에게 메일을 보냈다. 운반 시 파손이 되었으니 수리비 정도는 보상해주길 바란다고. 뭐 그렇게 나름 운 좋게 약간의 수리비를 보상 받았지만, 보드를 고쳐야 하는 일이 번거로웠다. 다음에 서프보드를 비행기에 실을 일이 생기면 에어캡으로 꽁꽁 싸매고 보드 백 겉에 취급주의 스티커를 덕지덕지 붙여 주의를 신신당부해야겠다.

여기저기 문의해 보니 무거운 것에 눌려 데크에 길게 금이 간 프레셔 딩(pressure ding)은 반드시 고칠 필요가 있는지 아니면 그냥 써도 될지 확실치가 않으니 그냥 써보든지 방수 테이프를 붙여 사용하라고 했고, 레일에 생긴 딩은 금방 수리할 수 있다고 했다. 그래서 프레셔 딩은 일단 내버려두고 작은 딩만 고치기로 했다. 그런데 그런 것은 직접 수리해보는 것도 좋다고 하여 딩 리페어 키트(ding repair kit)를 주문했다. 원래는 파이버글라스와 레진, 경화제 등을 별도로 준비해 고쳐야 하지만 '솔라레즈(Solarez)' 등의 제품에는 수리에 필요한 용제가 모두 배합되어 있어 바르고 자외선에 노출시키기만 하면 쉽게 고칠 수 있다고 했다.

딩 수리하는 것을 구경도 못해봐서 감을 잡기가 어려웠는데, 서프숍 직원이 솔라레즈 사용법을 설명하는 동영상 주소를 보내줬다. 그것을 보니 명쾌했다. 사포로 갈아내며 생기는 파이버글라스와 레진 가루 등이 피부에 닿거나 호흡기로 들어가면 건강에 해롭다고 하여 긴 팔 옷을 입고 공기가 잘 통하는 동네 공터로 나갔다. 동네 사람들이 많이 안 볼 시간을 택하느라 평일 오후에 반휴를 냈다. 얼른 고쳐서 그 주 주말에 놀아야 했으니까! 아무튼 고글과 마스크 그리고 장갑을 착용하고 수리를 시작했다. 마치 의학 드라마 속 수술 집도의라도 된 양, 메스!

딩이 난 부분을 칼로 도려내고 사포로 문질러 매끄럽게 만든 후(①, ②), 주변에 마스킹 테이프를 붙여 불필요하게 솔라레즈가 묻는 것을 방지하고(③), 딩 부분이 전부 메워질 수 있도록 적당량의 솔라레즈를 채운 후(④), 얇은 비닐 시트를 덮어 표면이 매끄럽게 레일의 형태에 맞게 굳도록 했다(⑤). 여기까지는 참 좋았는데……, 이러는 사이에 해가 졌다. 뉘엿뉘엿 넘어가는 해의 마지막 햇살이라도 받아보고자 자리를 이리 저리 옮겨 보았지만 그런 약한 햇살로는 도저히 마르지 않았다. 그래서 그날은 실패. 다음날 다시 솔라레즈를 채워 넣고 비닐 시트를 덮어 햇살 쨍한 곳에 2~3분 놓았다가 적당히 굳었을 때 비닐을 떼어내고 고운 사포로 매끄럽게 다듬어 간단하게 수리를 마쳤다. 다음번에 또 수리해야 할 일이 생긴다면 그 때는 더 잘할 수 있을 것 같다는 자신감을 얻었다.

동영상을 보니 노즈, 테일, 핀 주변 등에 딩이 생겼을 때 수리 방법과 심지어 두 동강 난 보드를 접합하는 방법도 소개하고 있던데, 자꾸 도전해 보고 싶어진다. 그러려면 작업실이 필요한데, 어디 안 쓰는 창고 없나? 두리번 두리번~(서핑 연습이나 열심히 할 것이지 이러고 있다).

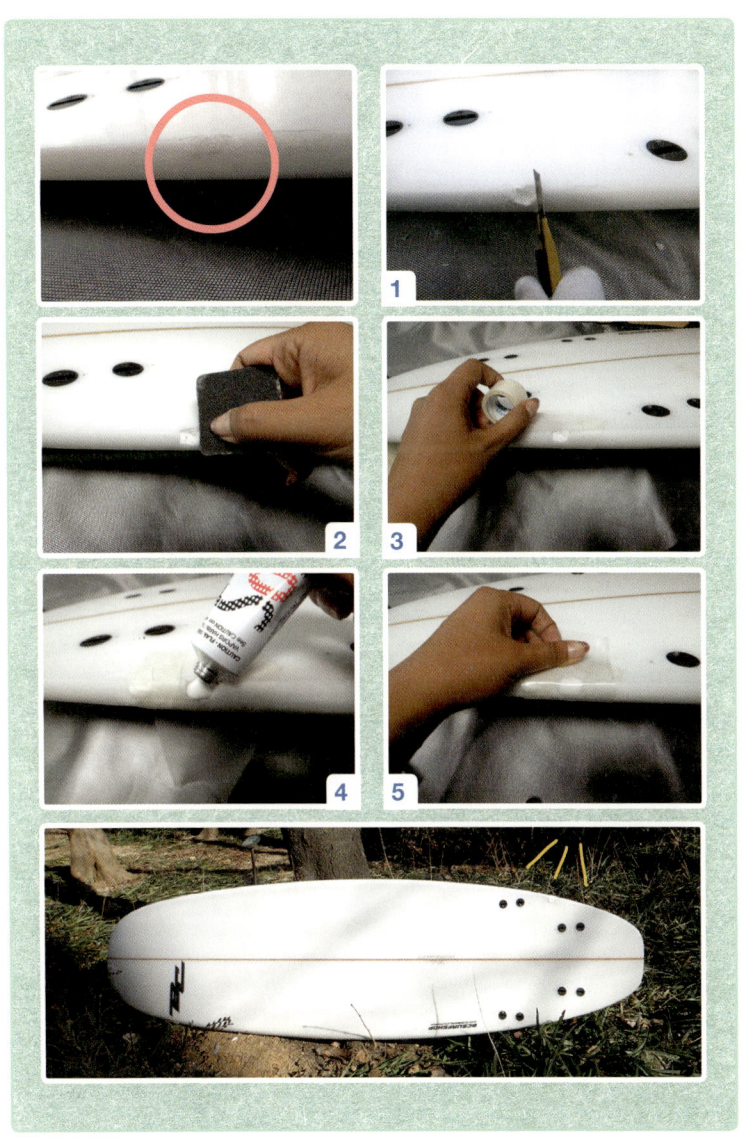

딩 수리 팁

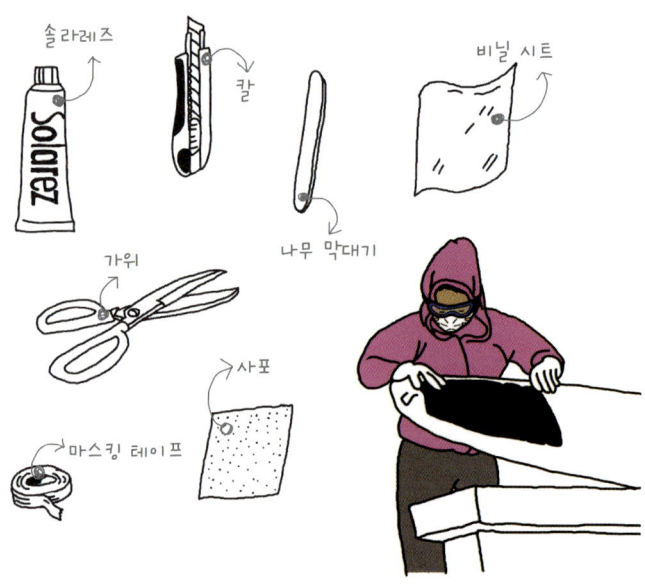

딩이 난 채로 서핑을 하게 되면 서프보드의 수명을 단축시키게 된다. 작은 딩에는 방수 테이프를 붙여 보드를 이용할 수 있지만 영구적인 방법은 아니다. 셰이퍼들에게 딩 수리를 의뢰하는 것이 좋다. 그러나 시간이 오래 걸리거나 장거리를 이동해야 하는 불편함이 있을 수 있기 때문에 작은 딩은 딩 리페어 키트를 이용해 스스로 고치는 것도 좋다.

알맞은 딩 리페어 키트를 구입하려면 서프보드가 어떤 레진과 폼으로 만들어져 있는지 알아야한다. 폴리우레탄 폼(polyurethane foam)으로 만들어진 보드에는 폴리에스터 레진(polyester resin)을, 폴리스티렌 폼(polystyrene foam)에는 에폭시 레진(epoxy resin) 제품을 써야 한다. 폴리에스터 레진은 폴리스티렌 폼을 녹게 만든다. 어떤 폼인지 모를 때는 폼 조각에 아세톤을 묻혀 보면 쉽게 구별할 수 있다. 폴리우레탄 폼은 아세톤에 녹고, 폴리스티렌 폼은 아세톤에 녹지 않는다.

겨울 서핑

숨겨진 보물 같은 파도가 들어온다

피서 인파가 몰리는 여름 바다를 셔플 댄스 노래로 유명한 LMFAO의 'Party Rock Anthem' 과 어울린다고 한다면, 겨울 바다는 최백호의 '내 마음 갈 곳을 잃어'와 같은 느낌이었다. 고독한 예술가가 영감을 찾으러, 실연한 청춘이 쓰린 가슴을 달래러 가는 곳. 적어도 겨울 서핑의 맛을 보기 전까지 내게 겨울 바다는 그런 이미지였다.

따듯한 해변에서나 할 것 같은 서핑이 사계절 가능한 스포츠라는 것을 알게 된 건, 한국에서 서핑을 할 수 있다는 사실을 알았을 때만큼이나 신선한 충격이었다. 겨울 바다에 입수하는 건 복불복 게임에서 진 KBS〈해피선데이 1박 2일〉의 멤버들이나 훈련 중인 해병대원들의 몫이라고 생각했는데, 서핑을 하러 겨울 바다에 들어가다니…….

겨울철 강원도에는 북동풍의 영향으로 캘리포니아나 호주의 파도와도 견줄만한 높고 깨끗한 파도가 들어온다고 한다. 잔잔한 강원도 양양의 여름 파도에서 서핑을 처음 배운 나로서는 겨울 파도의 모습이 머리에 잘 그려지지는 않았지만, 이제 스노보드 타러 가는 횟수는 줄어들겠구나 싶었다.

1월 초, 겨울 바다 입수를 위해 필요한 5/4mm 웨트수트와 5mm 글로브, 부츠 그리고 후드를 구매해 설레면서도 한편 두려운 마음을 안고 바다를 찾았다. 이미 겨울 바다에 익숙한 서퍼들의 표정에는 설렘이 가득했다. 물에 오래 들어가 있으면 춥기는 하지만 그런 만큼 입수해 있는 동안 집중해서 서핑을 하게 된다고 했다. 제 기량을 뽐내고 갈고 닦기에는 겨울 파도가 제격이라고 생각하는 것 같았다.

토요일 오후, 양양 기사문항 바다에는 이미 십여 명의 서퍼들이 입수해 있었다. 허리 높이의 세트 파도가 쉴 새 없이 들어와 잡담 한두 마디 나눌 새도 없이 각자 파도를 잡아 타기 바빴다. 초보 서퍼와 해수욕객으로 붐비던 여름 바다와는 다른, 엘리트 서퍼들의 전용 연습장 같았다.

방파제에서 잠시 구경을 하는데, 한 부부가 걸어오더니 서퍼들을 발견하고는 "어머, 해녀가 아니고 서핑하는 사람들이야? 미쳤어, 이 추운데……" 한

다. 딱 있을 수 있는 반응이다. 미쳤다는 표현이 틀리지도 않는 것 같다. 좋은 파도에, 맛있는 파도에 미쳐 겨울 바다를 찾아온 서퍼들이니까.

 기온은 -2℃, 수온은 10℃ 정도 되었던 오후. 겨울 복장을 꺼내 입는데 역시 두꺼운 웨트수트는 입고 벗기 힘들다. 너무 오래 삶아 질겨진 문어를 씹어 먹을 때보다 더 큰 인내심이 필요했다. 후드를 쓰니 안 그래도 돌출된 광대에 볼 살이 몰려 우스꽝스러웠지만, 다들 그런 모습인데다 누가 누군지 구분이 잘 안 간다는 점에서 마음은 편했다. 밖에서 스트레칭하기에는 너무 추울 것 같아 서핑클럽 안에서 몸을 풀었다.

 5mm 웨트수트를 입고 움직이니 금세 땀이 났다. 그리고 나서 저벅저벅 해변을 가로질러 바다에 들어갔다. 웨트수트와 글로브, 부츠 사이로 들어오는 물이 차갑긴 했지만, 진저리가 날 정도는 아니었다. 곧 체온이 덥혀줘 덜 차가워지겠지 하고 믿는 구석도 있었다.

 거품 파도에서 놀다가 라인업에도 몇 번 가보고 옆으로 막 째는(사이드 라이딩) 서퍼들을 요리 조리 피하며 놀다가, 연거푸 오는 파도에 연타로 맞고 물

©김시연

속에서 제대로 굴러 보니 웨트수트 사이로 들어오는 차가운 물에 정신이 번쩍 들었다. 절에서 수행할 때 졸음과 잡념을 쫓기 위해 스님들이 사용하는 죽비로 어깨를 한 대 맞은 것 같다. 그러나 이러한 짜릿함이 겨울 서핑의 맛일지도 모른다는 생각이 들었다.

2시간 정도 서핑 후 물 밖으로 나오니 칼바람이 몰아쳐 금세 더 추워졌다. 다른 곳은 괜찮은데 손끝은 분명히 얼었다. 더 오래 놀다가는 동상 걸릴 수도 있겠구나 싶었다. 따뜻한 물에 몸을 녹이려고 샤워기를 틀었는데 물이 나오기까지 걸리는 몇 초도 기다리기가 힘들었다. 추운 곳에서 놀아 체력이 다했는지 글로브를 벗을 힘조차 없었다. 아, 누구에게 도움을 요청하기도 애매한 질긴 네오프렌과의 외로운 싸움. 실내에 들어갔는데도 손끝의 얼얼함은 한동안 풀리지 않았다.

후드를 벗어보니 아뿔싸! 불과 2시간 태양에 노출됐을 뿐인데, 후드 모양

ⓒ김시연

대로 얼굴이 타버려 이상한 경계가 얼굴에 생겼다. 선 블록 크림 두껍게 바르고 징카도 덧발랐는데 뭔 일이 벌어진 건가. 20대 초반에 스키장에서 하루 종일 고글을 쓰고 놀아 얼굴이 너구리처럼 되었던 적은 있었지만 이번엔 생각도 못했다. 돌아올 월요일 출근길이 정말 걱정이 되었다. 그러나 볼에 붉은색 블러셔를 강하게 하고 당당히 출근하여 '극뽁~'.

더 추운 날은 5mm 부츠를 신어도 금세 발이 시려 7mm 부츠가 필요하기도 하고, 덕다이브를 할 때는 갑자기 아이스크림 한 입 급하게 먹었을 때처럼 물속에서 잠시 머리가 깨질 듯한 추위를 맛보게 된다고도 한다. 지구 온난화 영향으로 강원도에는 4월초까지 폭설이 내리는 날들이 늘어 바다로 가는 도로 상황이 걱정되는 날도 많다. 그러나 겨울 서핑의 맛에 빠지면 이 모든 것이 큰 장해가 되지는 않는다. 운전을 할 수 없을 정도의 폭설이 내린다면 하는 수 없이 쉬어야겠지만, 추위는 적절한 방한용품과 체력 안배로, 도로상황은 주행 전 차량 점검과 교통정보에 귀 기울이는 것으로 극복해 볼 수 있다.

겨울 바다는 노래실력으로만 경쟁을 벌이는 엠넷의 서바이벌 프로그램 〈보이스 오브 코리아〉를 닮았다. 우리 곁에 있어왔지만 춥다는 이유로 거들떠보지 않던 겨울 바다가 가져다주는 아름다운 파도는 숨겨진 보물을 발견한 것 같은 감동을 서퍼들에게 전해준다. 이제 겨울 바다는 내게 더 이상 쓸쓸한 느낌이 아니다.

안전한 겨울 서핑을 위한 팁

겨울 서핑을 즐기는 것도 좋지만 안전이 우선이다. 준비되지 않았다면 겨울 파도는 그냥 '그림의 떡'으로 감상만 하는 것이 낫다.

알맞은 방한용품 5/4mm 이상의 웨트수트 또는 드라이수트, 그리고 글로브, 부츠, 후드는 겨울 서핑의 기본 복장이다. 같은 두께라도 너무 저렴한 웨트수트는 이음새 등이 부실해 충분히 기능을 못 할 수도 있다. 사이즈가 넉넉한 것은 찬물이 너무 많이 들어찰 수 있어 좋지 않다. 로컬 서퍼들이 무엇을 입는지 알아보고 구입하는 것이 안전하다.

충분한 휴식과 영양 섭취 추운 물에 들어가 있는 것만으로도 체력 소비가 많이 된다. 충분한 휴식과 영양 섭취로 에너지를 쌓아 두어야 한다.

스트레칭은 철저히 서핑 전 스트레칭으로 혈액순환을 촉진시키고 근육을 풀어 추위에 몸이 굳는 것을 방지해야 한다. 서핑 후에도 스트레칭을 하면 평소 컨디션으로 빨리 돌아올 수 있다.

입수 전후 몸을 따뜻하게 추운 상태로 물에 들어가면 추위를 견디지 못하고 바로 나오게 될 수 있고, 서핑 후에도 한동안 추위가 풀리지 않아 동상에 걸릴 수도 있다. 따뜻한 음료수를 마시고 따뜻한 옷을 입어 서핑 전후 체온을 보호한다.

피부 보호 겨울 자외선이라고 얕볼 수 없다. 자외선 차단제를 꼼꼼히 바르는 것은 늘 중요하다. 찬바람에 얼굴이 갈라질 듯한 고통을 느낀다면 바셀린을 바르는 것이 도움된다.

절대 혼자 나가지 말 것 겨울 바다는 따뜻할 때보다 한산하다. 위험에 처했을 때 도움을 청할 수 있는 친구들과 함께 서핑하는 것이 좋다.

파도 상황 파악 때때로 겨울에는 여름 태풍 때나 볼 수 있을 법한 집채만 한 파도들이 들어온다. 실력이 되지 않으면 들어가지 않는 것이 좋다.

저체온증 주의 체온이 35℃ 밑으로 내려가면 몸이 떨리고 정신이 혼미해지며 판단력과 방향감각이 결핍되고 심한 피로감이 드는 저체온증이 생긴다. 즉시 물 밖으로 나와 몸을 따뜻하게 해야 한다.

장비 점검 물속에 들어갔다가 장비 이상으로 물 밖에 나오게 될 경우, 물 밖이 물속보다 춥기 때문에 추위를 먹어 그날의 서핑을 접는 일이 생길 수도 있다. 왁스는 충분히 발랐는지, 리시는 잘 묶여 있는지 등을 입수 전에 확인하도록 한다.

차로 이동할 때 차를 타고 샤워시설이 없는 서핑 스팟으로 갈 때는 뜨거운 물을 1인당 10리터 정도 담아 가면 서핑 후 따뜻해진 물로 몸을 녹일 수 있다.

PART 3

엔도르핀 업! 서핑 라이프

서퍼들의 라이프스타일

서핑이 삶을 바꿔 놓을 거예요

"서핑에서 모든 게 비롯되죠. 서핑이 당신의 삶을 바꿔 놓을 거예요."
영화 〈폭풍 속으로〉에서 키아누 리브스가 초보자용 서핑 장비를 사기 위해 서프숍에 들렀을 때 숍의 꼬마가 건넨 말이다. 서핑을 해보기 전에는 귀에 들어오지도 않았던 표현인데 지금 다시 들으면 남몰래 미소를 짓게 된다.

흔히들 서핑은 '스포츠'가 아니라 '라이프스타일' 또는 '삶의 방식'이라고 말한다. 스포츠라고만 표현하기에는 개인의 삶 전 영역에 미치는 영향이 매우 크다는 의미로 보인다. 서핑에 꽂혀 삶을 오롯이 서핑에 맞춰버린 사람들은 바다 근처로 이사를 가든가 파도의 스케줄에 따라 유동적으로 자기 시간을 활용할 수 있는 자영업의 길을 택하기도 한다. 그럴 만큼 서핑에는 마력이 있다.

그러나 먹고 사는 일이 녹록하지 않다는 걸 충분히 알 나이가 되다 보니 안정적인 삶의 터전을 떠날 생각은 감히 할 수 없고, 그런 만큼 시간을 잘 계획해 써야 한다는 것이 내게는 중요한 과제가 됐다. 서핑은 내가 원하는 시간에 할 수 있는 스포츠가 아니라 파도 요정(?)이 왕림해주시는 때만 할 수 있다는 점에서, 사람의 마음을 간절하게 만드는 얄궂은 매력이 있다.

바다에 발을 담그고 서프보드 위에서 처음 일어난 순간, 서핑은 내가 이전에는 상상도 해보지 못했던 새로운 여행길로 나를 인도하기 시작했다. 소위 말하는 '낚였다'는 표현도 어울린다. 그것도 '훅' 낚였다. 정말 한순간에 많은 변화가 생기기 시작했다. 단순히 외모와 사용하는 어휘, 돈 씀씀이가 달라지고 파도에 대한 지식이 많아졌다는 것보다는, 일상에 큰 활력이 생겼다는 점이 매우 흥미롭다.

파도를 잡아 타고 더 좋은 퍼포먼스를 해보기 위해 오롯이 나와 바다에만 집중하며 물아일체(物我一體)를 느끼는 시간. 지위고 학벌이고 부유함의 정도고 뭐고 하는 사회적 잣대가 아무런 의미가 없어지고, 일상에서 끼고 살았던 고뇌와 번민도 사라진다. 열심히 서핑을 했다는 이유만으로 평화와 행복을 느끼게 되는 순간, 엉킨 실타래 같이 느껴졌던 인생이 실은 그리 복잡하고 어려운 것이 아니라는 생각도 든다. 서핑을 해서 기분 좋고, 밥맛도 더 생기고, 잠도 잘 오는 상태가 되면 뭘 더 바랄 게 있나 싶어지기도 한다. 많은 사람들이 온천에 몸을 담그며 몸과 마음의 피로를 푸는 것처럼, 서퍼들은 바다에 몸을 던지며 일상의 피로를 날려버린다.

절대적 신비로움을 품고 있는 자연 속에서 보내는 시간이 늘어남에 따라 자연과 교감하며 살아가는 삶이 행복하다는 생각도 하게 된다. 인간은 모두 똑같이 자연의 일부분으로 태어나 자연 속에서 살아가다가 다시 자연의 한 부분으로 돌아가는 존재라고 생각하면, 누군가를 미워하는 마음이나 뜻한 바를 이루지 못해 조바심 내며 안달하는 마음이 때때로 부질없게 느껴진다. 말 한마디 없지만 많은 것을 가르쳐주는 자연이 새삼 고맙다.

더 많은 사람들과 교류를 하게 된다는 점도 서핑을 매력적이라고 느끼게 하는 큰 이유다. 태어나면서부터 사회적 동물로서 끊임없이 타인들과 인연을

미국 샌디에이고 라호야 해변 ©Surf Diva

맺으며 살아왔지만, 서핑을 통해 또 한 차원 넓은 범위의 다양한 사람들을 만나 '정체'가 아닌 '성장'을 하고, 인생이 외롭지만은 않다고 생각하게 됐다. 아마도 새해 첫날 라인업에서 해맞이를 함께하는 날이 늘어날수록 서핑 친구들은 가족과 같은 존재로 뿌리내릴 것 같다. 바다가 주는 기쁨을 함께 즐겼던 소중한 친구를 이 세상에서 떠나보낼 때, 함께 패들 아웃해 고인을 추억하고 명복을 빌어주는 서퍼들의 문화에서 느껴지는 그런 끈끈하고도 특별한 관계를 나도 만들어 가고 있다고 믿고 싶다.

국내뿐 아니라 외국 친구들과도 서핑이라는 매개를 통해 지속적으로 소식을 주고받고 싶은 관계가 되고 다시 만날 날을 꿈꾸게 되니, 세상이라는 곳이 마냥 넓은 것 같다가도 어디든 달려갈 수 있을 만큼 좁게 느껴진다. 서핑을 알고 난 후 삶이 더 행복해졌다고 굳이 이야기하지 않아도 알기에, 서로 쉽게 친구가 될 수 있는 것 같다. 상대의 나이가 어리건 많건 간에.

이런 까닭에 한층 더 적극적으로 여행을 꿈꾼다. 직장인으로서 짧은 휴가 기간 동안 다녀올 수 있는 새로운 곳이 이제 몇 군데 안 남았다고 생각했었는데, 서핑 스팟을 기준으로 여행지를 고른다고 할 때는 아직 외국뿐만 아니라 국내 해변도 못 가본 곳이 많으니, 가보고 싶은 곳을 생각만 해도 엔도르핀이 솟는다. 낯선 파도에서 구르기만 해도 좋겠다 싶으니 오랫동안 졸고 있던 모

페루 치카마 서프 리조트 ©wavecation.com

험심이 고개를 제대로 치켜드는 느낌이다. 이런 열정을 쉽게 현실화해주는 많은 서핑 전문 여행사들이 있는데, 그 중에는 방에서 직접 눈으로 파도를 확인할 수 있는 숙소만을 제공하는 여행사도 있다(www.wavecation.com). 아침 식사가 준비되는 동안 서핑을 하고, 파도가 깨지는 것을 보며 아침 식사를 하고, 라인업에서 방에 있는 친구들에게 손을 흔들 수도 있다. 무거운 짐을 들고 한참을 이동해 서핑할 필요가 없음은 두말하면 잔소리다. 가히 환상적이라 할 수 있다.

이런 환상을 마음에 품을 수 있게 되다 보니 최근 몇 년간 잊고 살았던 '꿈'과 '열정'이라는 단어를 자주 떠올린다. 내가 마음에 품은 꿈은 지금 당장 하기는 어렵지만 조만간 경험해보고 싶은, 하면 신나고 즐겁고 행복해질 것 같은 일들이다. 예를 들자면 부서지는 파도를 침대에서 보며 하루를 시작하는 것을 포함해, 새로운 서핑 동작을 터득한다거나, 거북이가 헤엄치는 코발트 빛 바다에서 서핑을 해본다거나, 아니면 우연히 라인업에서 잡지에서나 보던 서핑 영웅을 만나는 일 등. 순전히 노는 생각뿐이네 싶기도 하지만 서핑을 통해 생각만 해도 행복해지는 많은 꿈을 꿀 수 있다는 것이 얼마나 고마운 일인지. 꿈이 없어 괴로운 것보다는 백배 낫다 싶다. 이룰 수 있을지 결과야 알 수 없지만 내 마음속에 꿈과 그것을 이루고자 하는 열정이 있다는 것이 너무나도 다행스럽다. 설령 그 꿈을 완벽히 이루지 못한다 하더라도 그 과정을 걸으며 최선을 다했다면 만족할 수 있을 것 같다. 이런 생각들 덕분에 오늘이 행복하고 내일이 설렌다.

많은 서퍼들은 이러한 이야기를 함께 나누고 싶어 한다. 그래서 하루 종일 서핑을 하고도 밤이 깊도록 해변의 캠프파이어에 둘러 앉아 이야기꽃을 피우거나 혹은 블로그나 화폭에 이러한 경험과 영감을 담는 열정을 보인다. 누군가는 사진이나 영상으로 느낌을 전하기도 한다. 내가 글을 쓰고 있는 것도 이러한 것들을 혼자만 느끼기에는 너무 아깝다는 마음이 들어서가 아닌가 싶다.

여러 블로그 중 20대 초반의 스웨덴 서퍼 커플이 운영하는 선샤인 스토리(www.sunshinestories.com)를 보고 그들의 용감한 여정에 한동안 매료되었다. 피터(Petter)와 린(Linn)은 정형화된 학교 교육을 잠시 떠나, 좋은 파도를 찾아 서핑을 하고 로컬들을 만나 새로운 문화를 접하고 그들로부터 받은 영감을 그들의 블로그에 연재하고 있었다. 학교 공부가 중요하지 않다고 생각하는 것이 아니라, 꿈을 향해 살아가는 사람들로부터 인생의 교훈을 얻고 더 또렷한 삶의 목표를 정한 후 굶주린 마음으로 학업을 접하고 싶었기 때문에 떠난 여행이었다. 2010년부터 2년간 스페인, 남아프리카공화국, 태국, 라오스, 말레이시아, 인도네시아, 스리랑카, 인도 등의 땅을 밟았으며, 2012년에는 캘리포니아, 멕시코, 과테말라, 엘살바도르, 니카라과, 페루 등을 거쳐 학교로 돌아갈 계획이라고 했다. 이들의 이야기를 접하며 내가 지금 당장 그렇게 멀리 길게 여행할 수 없는 것이 안타깝기보다는 언제든 시간과 재정이 허락되면 나도 무엇인가 도전을 해볼 수 있겠다는 용기를 얻었다. 그리고 피터와 린은 현재 스리랑카에 정착해 서핑과 요가를 좋아하는 사람들을 위한 캠프와 호텔을 운영하고 있고, 나는 이 아름답고 진취적인 커플을 만나러 스리랑카에 한번 다녀왔다.

　서핑을 한 지 오래되지는 않았지만 순식간에 삶이 바뀌게 되었다는 것이 신기하고 점점 더 빠져들고 있음이 확실하다. 3시간이면 갈 거리를 고속도로 정체로 7시간이 걸려 가게 되더라도, 피부가 리프에 쓸리고 긁혀 상처가 나더라도, 거친 파도에 연신 말리기만 할지라도, 그래도 파도가 있다면 바다로 가고 싶은 것이 서퍼의 마음이다. 한 서프보드 제조사(Global Surf Industries)의 캐치프레이즈처럼 '서핑을 할 때 삶은 더 윤택해진다(Life is better when you surf)'는 말을 부인할 서퍼는 지구상에 없을 것이다. 그래서 서퍼의 라이프스타일이 뭐냐고? 긍정적이고 적극적으로 좋은 경험을 나누며 건강하게 살아가고자 하는 것이라고 요약하고 싶다.

©Petter Toremalm & Linn Lundgren

sunshine stories

by Petter & Linus

Give us a life advice:

- It's nice to be Important but it's more Important to be Nice!
- Stay together you are an Awesome couple!
- Beware of the drunk drivers!
- Life's to short live and let live!
- Stay AWESOME!
- Dont Matter what people say about you believe in yourself!
- EDUCATION IS THE KEY TO BE SUCESSFUL!
- SMILE! smile! smile!
- DONT DRINK N DRIVE ☺
- KEEP SURFING!
- KEEP TRAVELING!

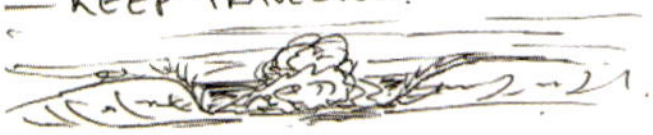

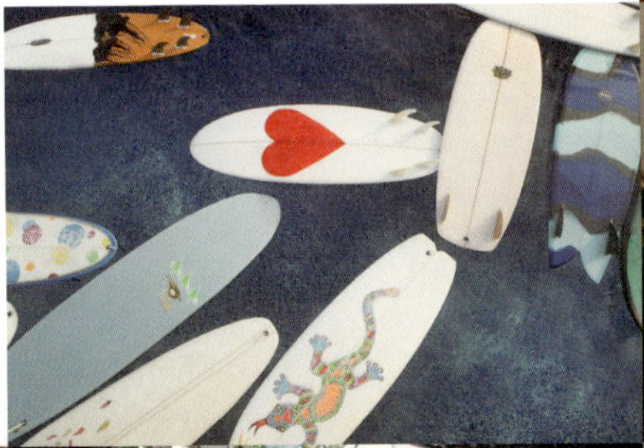

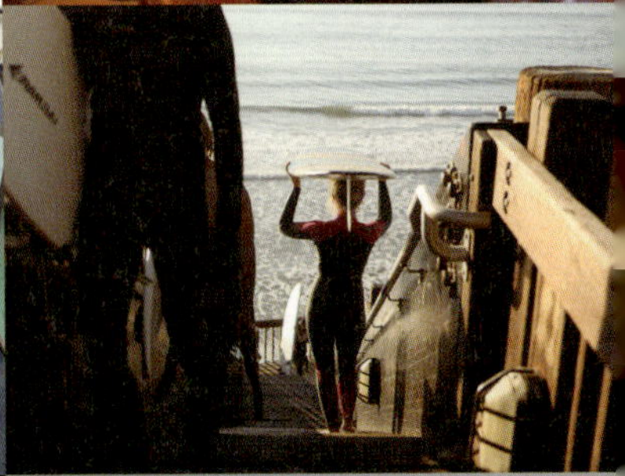

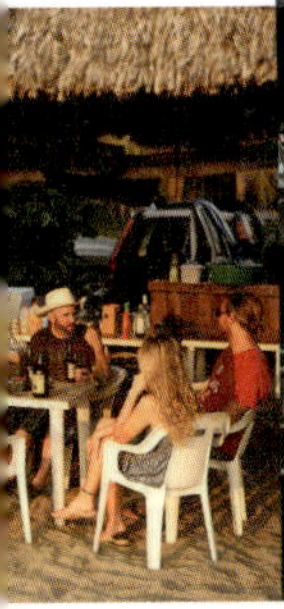

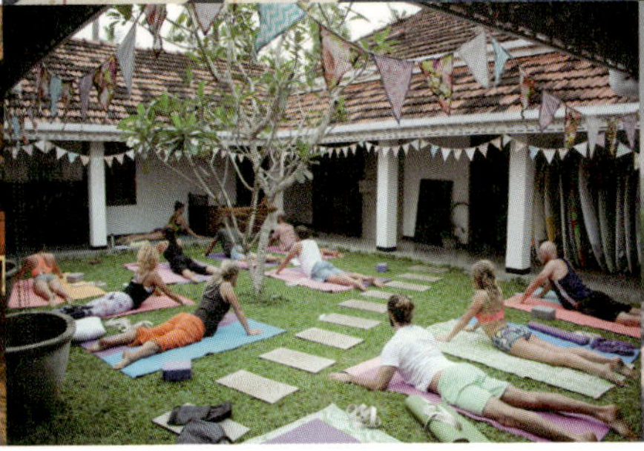

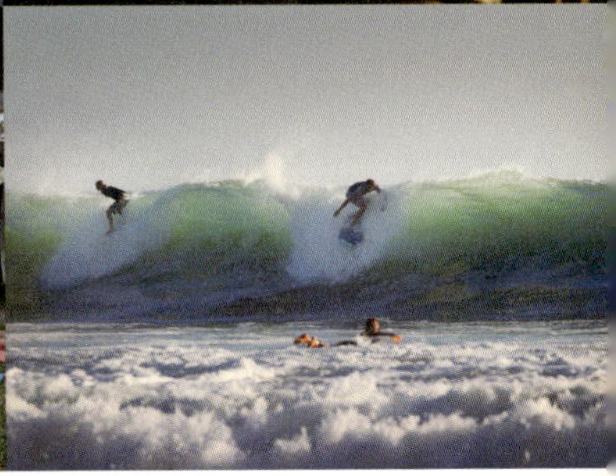

서프 아티스트의 세계 엿보기

페르난다 오코넬(Fernanda O'conell, 브라질, 호주)
브라질 상파울루 태생으로 11세에 바디 보드를 타기 시작한 이후 바다와 깊은 사랑에 빠졌고 더욱 건강한 라이프스타일을 추구하게 되었다. 여행 중 호주에서 남편을 만나 현재는 호주 뉴사우스웨일스 남부 해변의 작은 마을에 거주하며, 열혈 서퍼인 남편과 아들 그리고 돌고래들과 함께 서핑하며 서퍼로서 느끼는 바다의 아름다움을 섬세한 붓 터치로 화폭에 담고 있다. 주로 세계 곳곳으로 서핑 트립을 다니고 유명 서프 사진작가들의 작품을 감상하며 받은 영감을 그림으로 옮긴다.

서핑을 통해 만난 사람들과 자연에 대해 감사하는 마음으로 서프에이드(SURFAID : 인도네시아 수마트라 해안 인근 섬들의 낙후된 보건 위생 개선과 지진 피해 복구 및 예방 등을 위해 노력하는 비영리 단체로, 뉴질랜드 의사 출신의 서퍼가 2000년에 설립했다) 활동에 동참하고, 모금활동 등을 통해 로컬의 어린 서퍼들이 계속 서핑을 할 수 있도록 돕고 있다.

www.fernandaoconnell.com

셀린 샤(Céline Chat, 프랑스)
20세부터 여행을 다니며 서핑을 하고 바다와 자연에 대한 애정을 그림으로 표현해왔다. 바닷가 난파선 두 척에 예술을 입히는 작업을 통해, 박물관이나 갤러리를 벗어나 자연 속에서 느낄 수 있는 예술품을 만들기도 했다. 그녀는 땅, 문화 그리고 환경에 대한 찬사의 마음으로 사람들과 어울리며 자신의 비전을 나누고 싶어 한다. 자연보호에 깊은 관심을 가지고 있으며, 프랑스 오스고(Hossegor)에서 작품활동을 하고 있다.

www.celinechat.com

크리스 롭(Chris Robb, 미국 플로리다)

일러스트레이터, 디자이너, 크리에이티브 디렉터로서 국제적인 활동을 하고 있는 화가. 그의 작품에는 서핑에 대한 애정, 서핑에 얽힌 사람과 공간, 바다의 리듬, 과도한 환경 개발에 대한 걱정이 담겨 있다. 주로 플로리다 윈더미어(Windermere) 해변과 뉴 스머나(New Smyrna) 해변에서 서핑을 즐긴다.

cargocollective.com/crsa

ⓒ오태윤

김창한(한국 울산)
대한민국 1호 서프 아티스트. 2005년 호주를 방문하면서부터 서핑과 바다를 본격적으로 그리기 시작했다. 대부분 해변 현장에서 그림을 그리기 때문에 현장의 기운을 받아 풍부한 색감으로 서퍼, 파도, 일출 등을 생동감 있게 표현한다. 그동안 국내외 서핑대회 현장의 생생한 숨결을 캔버스에 담아왔고, 앞으로 세계를 무대로 활동을 확장할 계획을 갖고 있다.
www.kch.pe.kr

캘리포니아 헌팅턴 비치 〈US Open of Surfing〉 대회 현장

뭐든 어릴 때

두터운 서핑 문화와 유소년 서퍼들

얼마 전 11월 말에 스페인을 다녀왔다. 소진해야 할 연차 휴가가 있어서 어디를 가볼까 한창 고민을 하던 차에 유럽 서핑의 성지라고 불린다는 스페인 북부의 한 마을 산세바스티안(San Sebastián)을 알게 되었고, 비수기 유럽행 항공료가 생각보다 저렴해서 쉽게 저질러버렸던 여행이었다.

산세바스티안이라는 낯선 마을로 향하게 된 경위는 이랬다. WSL 챔피언십 투어 경기가 매해 9~10월이면 프랑스와 포르투갈에서 열리는데, 내가 매우 애정하는 서퍼가 경기 참여 차 유럽에 갔다가 경기가 없던 날에 '헐리 서프 클럽(Hurley Surf Club) 산세바스티안' 오픈 행사에 참여했던 사진을 소셜미디어에 올렸다. 그런 마을이 있는 것을 처음 알게 된 순간이었다. 게다가 마침 그때 스페인으로 유학 가있던 친구가 자기가 산세바스티안에 산다며 놀러오라고 가볍게 유혹하는 말을 던졌고, 그 말에 내가 아주 기꺼이 넘어가 버린 것이다.

  검색을 해보니 산세바스티안의 겨울 날씨는 한국보다는 조금 덜 춥지만 흐리고 비 오는 날이 많았다. 그건 별 문제될 게 아니었다. 그런데 겨울이면 파도가 커지는 시기라는 점이 다소 걱정이었다. 그래서 로컬들에게 물어보니 파도가 커지는 날은 파도가 작게 들어오는 스팟에서 서핑을 하면 되기 때문에 큰 문제가 없을 거라고 했다. 오케이!

  바르셀로나를 경유해서 산세바스티안에 도착해 일주일을 머물렀다. 마을이 아담해서 여행자로서 다녀야 할 곳은 웬만하면 걸어서 다닐 수 있었다. 물론 숙소에서부터 서핑 스팟까지도 지척이었고.

  산세바스티안에 머무르는 일주일의 파도는 3~4.5m로 컸다가 0.3m로 작

주리올라 해변

아질 거라고 차트가 예상치를 보여주었다. 차트대로 처음 도착한 날은 파도가 매우 컸다. 그래서 우선 탐색을 해보기 위해 카메라를 들고 거리로 나왔는데, 이른 아침부터 서퍼들이 연장을 갖춘 채(서핑할 준비를 한 채) 분주하게 도심을 가로질러 어디론가 향하는 모습이 눈에 띄었다.

그들이 향했던 곳은 바로 라 콘차(La Concha) 해변. 산세바스티안의 메인 서핑 스팟인 주리올라(Zurriola) 해변에 파도가 크게 생길 때만 서핑할 만한 파도가 생긴다는 해변이다.

그런데 서퍼들 중에는 특히나 유소년 서퍼 무리들이 눈에 띄게 많았다. 무리 중 제일 연장자일 것 같은 서퍼 또는 강사를 따라 네다섯 명의 어린이와 청소년들이 함께 이동하는 모습이 곳곳에 보였다. 유소년 서퍼 인구가 상당

라 콘차 해변

하다는 것이 매우 인상적이었다.

그리고 그런 모습은 평일 방과 후 시간에도 흔히 볼 수 있었다. 파도가 크든 작든 비가 오든 눈이 오든 별 차이 없이 서핑을 하러 늘 바다로 나왔던 아이들. 마을은 작은데 어디서 이렇게 유소년 서퍼들이 나오는지…….

산세바스티안에서 하루하루를 서핑하고, 구경하고, 자고, 먹고, 다시 서핑하며 지내면서 보니 산세바스티안은 여러 가지 이유에서 정말 서핑하기 좋은 환경을 갖췄다고 느껴졌다. 일단 다양한 파도를 만날 수 있다. 라 콘차와 주리올라 해변에서는 무릎 높이 파도에서 3~4m 정도의 큰 파도까지 만날 수 있다면, 차로 30분~1시간 반 정도 서쪽으로 가면 로카 푸타(Roka Puta)와 문다카(Mundaka)라는 손꼽히는 빅 웨이브 스팟이 있고, 동쪽으로 30분~1시간만 가면 프랑스 비아리츠(Biarritz)와 오스고(Hossegor) 같은 질 좋은 파도가 있는 서핑 스팟을 만날 수 있다. 이뿐만 아니라 바다와 만나는 우루메아

로카 푸타 해변에서 서퍼 나초 곤잘레스 ⓒJavier Munoz/Red Bull

237

(Urumea) 강의 좁다란 입구에서도 때때로 서핑이 가능한데, 좁은 길을 따라 길게 직진해 가는 서핑을 즐길 수 있다. 정말 다양한 파도를 경험하기에 좋은 조건이다.

자연환경이 그러하다 보니 많은 서퍼들이 몰리고 다양한 이벤트가 개최된다. 내가 있던 동안에도 몇몇 행사가 열렸었는데 대표적으로, 로카 푸타에 좋은 파도가 올 것으로 예상이 되자 그 주말 동네 톱클래스 빅 웨이브 서퍼 20여 명이 참여하는 대회가 열렸었다. 많은 갤러리와 업계 관계자들 그리고 취재진이 모여 긴장과 박진감 넘치는 시간을 가졌다. 또한 '헐리 서프 클럽' 산 세바스티안에서는 무료 비디오 코칭과 체력단련 수업이 있었다.

헐리 서프 클럽은 서핑 용품 회사인 헐리가 서핑 문화 확산을 위해 다양한 프로그램을 진행하고자 전 세계 주요 지점에 개설한 공간이다. 비디오 코칭, 체력 훈련 프로그램, 프로 서퍼 사인회, 영화 상영회 등 고급 이벤트를 무료로 제공하고 있어서 많은 인기를 얻고 있다.

물론 헐리 서프 클럽 외에 로컬 서핑 숍에서도 보드 만들기 강좌, 요가 수

헐리 서프 클럽

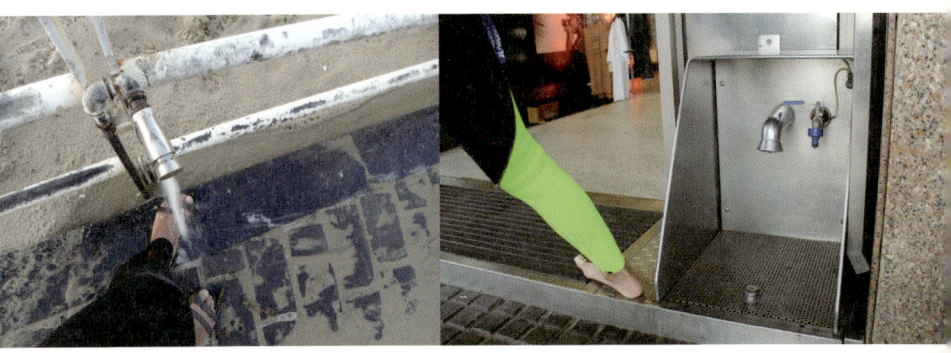

업, 빅 웨이브 서퍼 초청 강좌, 타 지역 서핑 투어 등 서퍼들이 관심 있어 하는 흥미로운 이벤트들을 꾸준히 개최하는데, 그런 행사를 보면 어른들뿐만 아니라 어린이들도 많이 참여한다. 서핑 문화가 두텁다 보니 어려서부터 자연스럽게 서핑의 많은 부분을 경험하기 쉬운 환경이다.

사실 산세바스티안은 미슐랭 스타 맛집들이 많은 미식의 도시이자 영화제 등 국제적인 페스티벌로 유명한 관광지라 사람들이 몰릴 때면 인도에 발 디딜 틈도 없을 정도로 붐비는 마을이라고 한다. 그러나 비수기에 방문했던 나에게는 서핑하기 정말 좋은 마을이라는 기억이 짙게 남았다. 해변 어디서든 수도 시설을 이용할 수 있어서 편했고, 라인업에서도 볼 수 있는 큰 시계들이 곳곳에 있어서 좋았다.

우리나라에서도 부모의 취미를 따라 어린 나이에 서핑에 입문하는 아이들이 점점 늘어나고 있고, 체계적인 교육을 받을 수 있는 환경도 제법 갖춰져 가고 있다. 어린이든 노인이든 같은 곳에서 같은 놀이문화를 즐길 수 있다는 점은 서핑을 더욱 아름답게 만들어주는 요소임이 분명하다.

이 횡단보도 하나만 건너면 바로 주리올라 해변.
날이 좋아서 날이 좋지 않아서 날이 적당해서,
그래서 서핑하기 참 좋았던 산세바스티안

서핑으로 살 빼기 있기? 없기?

몸매 가꾸기에 좋은 스포츠

"이 세상에 서퍼의 몸매처럼 훌륭한 몸매가 어디 있나!"
"전 세계 스포츠 선수들 중 가장 멋진 몸매는 서퍼들의 차지다."
"서퍼의 몸매를 원하세요? 지금 도전하세요!" (피트니스 프로그램 광고 문구)
 서핑이나 헬스 관련 잡지들을 보다 보면 심심찮게 이런 글들이 눈에 띈다. 그리고 이런 글들 옆에는 날씬하고 탄탄하며 군살 없는, 근육질이긴 하지만 너무 울끈불끈 지나쳐 보이지는 않는, 섹시미 넘치는 건강한 몸매의 서퍼들 사진이 늘 함께 하고 있다. 그만큼 서핑이 이상적인 몸매 가꾸기에 좋은 스포츠라는 얘기인데, 서핑을 자주 할 수 있는 환경이어야 도전을 해보든지 말든지 할 텐데 말이다.

서핑이 대중화되어 있는 외국에서는 바다에 자주 갈 수 없는 사람들을 위해 서핑 동작을 응용해 만든 실내 피트니스 프로그램들이 꽤 인기를 끌고 있다. 좋은 몸매를 만들기 위해서뿐만 아니라 서핑을 잘할 수 있도록 평소에 체력 단련을 하려는 목적에서도 이용된다.

이런 프로그램들은 대략 패들링(어깨와 등 근육 단련, 심폐 기능 향상), 스탠드업(상체 및 코어 근육 단련), 라이딩(하체 근육 단련 및 균형감과 유연성 향상)에서 얻을 수 있는 운동 효과를 내는 동작들로 이루어지는데, 짐볼과 덤벨, 벤치프레스, 인도보드(고무 쿠션이나 원통형 롤러 위에 놓은 나무판에 서서 중심을 잡으며 균형감, 민첩성 등을 키우는 데 사용) 등 다양한 기구들을 이용한 운동부터, 런지, 푸시업(팔굽혀펴기) 등 고전적 동작들까지 정말 다양하게 구성되어 있다.

그렇지만 무수하게 실패를 경험해 봐서 아는데 내가 좋아할 만한 운동은 절대 아니다. 덤벨을 들고 앉았다 일어났다 하는 생각만 해봐도 괴로움과 갑갑함이 물밀 듯 밀려오니……. 내가 무슨 미래의 서핑 챔피언을 꿈꾸는 꿈나

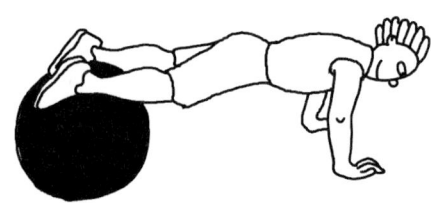

무도 아니고 그렇게 체계적인 운동은 절대 하지 않을 것 같았다. 그러나 분명히 서핑을 잘하기 위해 체중 감량(무거우면 파도가 나를 잘 밀어주지도 못하고 나도 힘들다. 이 지긋지긋한 과체중!) 및 체력 단련의 필요성은 느끼고 있던 바, 머지않은 미래에 갈 서핑 트립을 꿈꾸며(꿈꾸는 건 돈이 안 든다) 나만의 방식으로 한 달간 내 방구석에서 운동을 해보기로 하고 베란다에서 잠자고 있던 '홈쇼핑 출신' 러닝머신을 깨웠다.

나름 머리를 굴려서 하루 100분 서핑을 한다는 생각으로 다음과 같이 운동을 구성했다. 이렇게 하면 심폐 기능, 상체, 하체, 균형감 및 유연성 등 나름 골고루 효과를 내는 운동을 하는 셈이 될 것 같았다. 서핑을 하는 헬스 트레이너에게 자문하니 '하체 운동의 꽃'이라는 스쿼트 30회 정도 추가를 권유 받았지만, 역시 혼자서는 잘 안 하게 될 것 같아서 생략하고 이 정도만 하기로 했다. '직장인이 하루에 100분씩 운동하면 나름 훌륭한 거 아닌가!'라고 홀로 부르짖으며.

- 스트레칭 5분
- 러닝머신 60분 : 패들해서 최고로 숨이 찼을 때와 같은 느낌이 들 정도로 달리기
- 패들 + 스탠드 업 동작 30분 : 피아노 의자 위에서 열심히 패들하다가 스탠드 업 약 30~50회
- 스트레칭 및 심호흡 5분

그리고 살 빼는 데 있어서 운동만큼 중요한 영양 섭취도 조금은 신경 썼다. 닭 가슴살에 계란 흰자를 먹는 것은 자신이 없어서, 평소보다 탄수화물을 좀 줄이고 단백질과 신선한 채소를 더 먹도록 하되, 하루 1~2개씩 먹던 과자만은 딱 끊기로 했다(초코파이야 안녕~).

처음에는 서핑을 잘할 수 있게 된다는 생각과 온갖 멋진 모습에 대한 기대와 상상으로 운동을 하니 그다지 질리지 않았다. 서핑을 한 것처럼 등 근육도 단단해지는 것 같고 다리도 당겨 뿌듯했다. 단지 물속이 아닌 공기 중에서 패들을 하다 보니 큰 저항이 없어 밋밋하고 허전했던 점이 아쉬웠고, 좁은 방 안에서 러닝머신을 뛰는 것은 다람쥐 쳇바퀴 돌 듯 질려 가끔 날이 좋을 때는 뒷동산으로 뛰쳐나가 뛰고 오기도 했다. 그 과정에서 갑작스런 용도 변경에 적잖이 당황했을 피아노 의자는 매일 밤 잦은 충격으로 인해 급격히 노화 증세를 보이며 삐거덕거리기 시작했다.

그러나 점점 100분을 채우는 것이 힘들어졌다. 100분에서 1분이라도 더 하게 되는 날에는 무슨 큰 실수라도 한 듯 부랴부랴 운동을 마치곤 했다. 이것이 실제 서핑과의 가장 큰 차이점. 서핑은 체력이 다해가는지도 모르게 계속하고 싶을 만큼 재미있는데, 방안에서 하는 운동은 시간이 왜 이리 안 가나 싶을 만큼 지루하고 인내심이 필요했다.

그렇게 30일, 정확히 말해서 서핑을 갔던 이틀은 제외하고 28일 동안 해보니 4.5kg 감량을 할 수 있었다. 나쁜 성과는 아니지만 상대적으로 서핑이 얼마나 훌륭한 운동인지 다시 한 번 깨달았다. 당분간 방안에서의 운동은 멈추겠지만(러닝머신은 다시 숙면을 취하라!) 정말로 서핑 트립을 갈 계획이 잡힌다면 약 20일 전부터는 다시 시작할 생각이다. 또 한 열흘쯤 내리 서핑을 하며 몸이 얼마나 단단해질 수 있는지도 느껴보고 싶다.

한 달 '실내 유사 서핑 운동'으로 빠진 살은 방심하면 언제나 찾아오는 요요라는 친구가 다시 조금씩 가져다주고 있다. 이 친구 떼어놓기 위해 아무래도 이번 주말에는 서핑을 다녀와야겠다.

송정해수욕장 1월 1일 새해맞이 일출 서핑 ©김창한

추억 포착
스토리가 있는 사진 찍기

서퍼들에게 사진은 중요한 관심거리다. 신비로운 자연과 호흡하며 서핑을 즐기는 활기찬 사람들의 모습은 혼자 보기 아깝다. 많은 사람들이 서핑 사진을 잘 찍어 간직하거나 공유하고 또 자랑하고 싶어 한다. 그 사진의 주인공이 나라면 더욱 영광스럽고 감사한 일이다.

또한 보는 것이 믿는 것이라고, 서핑이라고 하면 당연히 윈드서핑을 생각하고 왜 한강 놔두고 멀리 가서 하냐고 하는 사람들이나, 바다에 가서 회나 먹고 오는 거 아니냐고 하는 사람들, 또는 웹서핑을 생각하고는 바닷가에 와 이파이 빵빵 터지냐고 묻는 사람들에게 서핑할 때 찍은 사진 한 장 보여주는 걸로 '나 한국 바다에서 서핑한다'는 것을 간단히 증명할 수 있다.

주로 서핑 잡지에 실리거나 광고에 등장하는 서핑 전문 사진작가들의 사진들은 입이 쩍 벌어질 정도로 경이롭다. 그런 사진을 찍으려면 환경에 맞는 특수 장비와 파도, 서핑에 관한 많은 지식과 경험이 필요하다. 그러나 고성능 액션 캠과 DSLR, 사진 편집 애플리케이션이 보편화된 요즘은 일반인들도 멋진 사진을 만들어내기 쉬워졌다. 그 결과 사진을 찍고 공유하는 일이 생활화된 오늘날, 서핑 분야에서도 일반인들이 찍은 황홀한 사진을 많이 구경할 수 있다.

하지만 오랜 세월 DSLR로 촬영을 수차례 시도하다가 나와 궁합이 맞는 카메라는 똑딱이(콤팩트 디지털카메라)라고 결론을 내린 나로서는 '작품'보다는 '기록'이라도 제대로 남기자는 생각으로 사진에 관심을 갖고 있다. 살짝 흔들리고 색이 흐린 것은 전지전능한 '뽀샵'의 힘을 빌려 보정한다 치더라도, 보기에 재미있고 스토리를 담은 듯한 사진을 찍어보고 싶다.

그래서 수첩에 적어둔 몇 가지 아이디어!

과감하게 셔터를 누르자

똑딱이라고 쑥스러워 말고 다양한 것을 시도하자. 요즘 똑딱이는 화질이 괜찮고 파노라마 촬영, 방수 촬영까지 되는 것들도 많다. 또한 서서만 찍지 말고 해변에 엎드려서 해수면 높이에 맞춰 찍어 보고, 방파제 위에서도 찍어본다면 느낌이 다른 사진들을 남길 수 있다.

종종 하늘을 보자

하늘은 변화무쌍하다. 뭉게구름 가득한 날도 있고 구름 한 점 없는 날도 있고. 사진 속에 때로는 주연으로, 때로는 조연으로 등장하는 하늘의 다양한 모습을 담아보자. 파도가 좋지 않은 날이더라도 사진에 담긴 하늘이 맑으면 즐거운 하루였을 것 같은 느낌이 묻어난다. 갈매기나 비행기가 잡히면 또 다른 분위기다.

포커스 둘 곳을 찾자

서퍼에 포커스를 두면 서퍼가 주제, 자연이 부제인 사진이 되지만, 자연에 포커스를 두면 자연이 주제가 되면서 서퍼가 자연의 일부인 듯 다른 느낌이 난다. 반셔터 기능을 이용해 등대, 어선, 방파제 등 여러 곳에 포커스를 맞춰 찍어 보자.

서핑 모티브 피사체를 넣자

멋진 바다와 하늘이 있어도 뭔가 썰렁하게 느껴질 때가 있다. 서퍼, 서프보드 혹은 서프 왁스, 핀 등 서핑 관련 피사체를 사진 속에 함께 담으면 서핑 느낌이 팍팍 전달된다.

역광을 노리는 거야

보통 촬영자가 해를 등지고 사진을 찍어야 잘 나오지만 이러한 순광은 좀 심심할 때가 있다. 역광으로 촬영하면 강렬하고도 절제된 매력이 느껴지는 사진을 얻을 수 있다.

'매직아워'를 놓치지 말자

일출, 일몰 전후 30분에서 1시간을 사진에서는 매직아워라고 한다. 가장 드라마틱한 빛을 담을 수 있다. 흐린 날은 오묘한 색을 보여주고 구름이 많이 낀 날은 하늘에 예쁜 무늬가 생긴다.

멋진 사진을 많이 보자

서핑이나 여행 관련 잡지나 블로그 등을 통해 멋진 사진을 많이 보면 좋은 사진 찍는 데에 도움이 된다. 발전은 응용을 통해 이루어진다.

서핑하다가 휴식시간에 사진을 찍는 이들이 많은데, 남들 사진 다 찍어줬는데 내 사진만 없으면 안드로메다로 날아간 내 존재감 탓에 쓸쓸해진다('생각한다. 고로 나는 존재한다'라는 말 정도로는 위안이 안 된다). 잘 찍히기 위한 노력도 필요하다. 그래서 정리해본 몇 가지 아이디어!

찍는 사람과 친해지자

사진 찍는 사람은 찍을 피사체가 필요하다. 그러나 친하지 않은 사람을 찍으려면 관심도 덜 가고 부담스러울 수 있다. 먼저 인사하고 뿌잉뿌잉~ '아양'을 부려보자. 특별한 경우가 아니라면 절대 안 찍어주겠다는 사람은 없을 것이다.

상부상조

상부상조는 중1 교과서에서 배웠다. 실력이 좋지 않더라도 내가 남을 찍어주면 남도 나를 찍어준다.

포즈 연습

카메라만 들이대면 피하는 사람이 있는가 하면 자동반사적으로 카메라 렌즈를 유혹하는 매력적인(?) 포즈를 잡는 사람이 있다. 선천적 재능이 없다면 포즈를 연구하고 연습하자. 카메라는 찍는 사람을 환영해 주는 피사체를 따라다니기 마련이다.

들이대, 들이대!

아무래도 내가 안 찍히고 있는 것 같다면 더욱 적극적으로 들이대 보자. 남이 주인공인 사진의 끄트머리에 걸릴지라도 아예 안 찍히는 것보다 낫다.

단체사진에서 빠지지 말자

모든 이들의 추억을 한 장의 사진에 담는 것이 단체사진이다. 서핑은 여럿이 함께하기에 더욱 아름다운 스포츠다. 단체사진 찍을 때 화장실 가고 그러지 말자.

▲ 늘 찍힐 준비가 되어 있는 김동현 서퍼.
심지어 수달 자세도 능숙하게 해낸다.

▼ 단체사진

ⓒ조윤현/해피롱보딩 동호회

셀카면 뭐 어때!
정 없으면 셀카라도…… 괜찮다. 인생 원래 외로운 거다. 혼자서도 잘 노는 어른이 되자.

사진 촬영 후 트리밍이나 색 보정 등의 후 작업을 통해 느낌 있는 사진을 만들어 보는 것도 재미있다. 꼭 포토샵이 아니더라도 스마트폰 어플을 활용하면 사진을 드라마틱하게 변신시킬 수 있다. 이런 이유에서 국내외 서퍼들의 인스타그램 계정이나 동호회 사진 게시판을 들여다보는 것은 늘 설레고 흥미롭다.

'사진이 없으면 추억도 없다'는 광고 카피가 있다. 오늘 찍은 사진 한 장이 지금은 하찮아 보여도, 세월이 지나 기억이 가물가물해졌을 때 다시 보면 추억이 굴비 엮듯 줄줄이 엮여 나올 수 있다. 많이 찍고 적극적으로 공유하고 볼 일이다.

▲ 원본 사진

▶ 보정 후

▼ 보정 후 트리밍

ⓒ전경일

사진 앱 효과 적용

사진 원본에 햇살을 넣어 화사하게(sunlight spot 효과), 바닷물 색깔을 바꿔 동해 서퍼를 하와이 서퍼로(bright spot 효과), 불길을 타는 정열의 서퍼로(dynamic light 효과) 바꾸거나 빈티지한 아련함(sepia 효과)을 표현할 수도 있고, 브라운관 모양의 사진 액자를 씌워 텔레비전에 나오고 싶었던 어린 시절 꿈을 이룰 수도 있다(그렇다고 '내가 원빈이다', '내가 브래드 피트다'란 말은 하지 말자).

©강기운

원본 사진

sunlight spot 효과

bright spot 효과

dynamic light 효과

sepia 효과

액자 효과

깨알 재미 '댓글' & '해시태그'

와~~ 탔어 탔어~ 우후!!

©최승민

소니 다 비켜~ (하이파이브 해달라는 건가?)

안치환 누군지 멋있으시네요.♡♡

└ **김시연** 좋은 카메라에 찍히니 본인 얼굴도 못 알아 보시겠죠? ㅋㅋ

손주은 ㅋㅋㅋㅋㅋㅋㅋㅋㅋㅋㅋㅋㅋㅋㅋㅋㅋ

강민주 #꿀잼 #Sunday #Funday #안실장님 #귀욥

255

서핑 전문 사진작가의 세계 엿보기

서핑 전문 사진작가들은 서핑대회나 출판 기획물, 광고 캠페인 등의 사진 촬영을 위해 세계 곳곳의 서핑 스팟을 다니며 역동적인 서퍼의 모습이나 환상적인 자연을 카메라에 담는다. 주제와 대상에 따라 장비 선택을 달리하기 때문에 다양한 범위의 망원 렌즈, 줌 렌즈, 빠른 셔터 스피드를 지원하는 카메라를 기본으로 갖추고 있다.

주로 소금물, 먼지, 습한 날씨 등 카메라가 좋아하지 않는 환경에서 작업을 하기 때문에 항상 장비를 깨끗하게 청소하고 정기 점검을 받는 등 철저한 관리가 필수다. 최상의 사진을 찍을 수 있는 날씨를 만나기는 쉽지 않은 일이라서 어느 곳에서 작업을 하든 인내심이 필요할 때가 많다.

해변에서 망원 렌즈로 찍는 사진

해변으로부터 라이딩하는 서퍼들의 모습을 찍기 위해서는 보통 600mm/f4 망원 렌즈(달 표면도 찍을 수 있다는 초망원 렌즈)가 필요하다. 렌즈가 무거우므로 트라이포드(삼각대)나 모노포드도 반드시 준비해야 한다. 서퍼와 파도뿐만 아니라 빌딩, 라이프가드 오두막, 집, 언덕, 나무, 절벽 등을 활용해 다양한 사진을 찍을 수 있다. 보통 70-200mm/f2.8 줌 렌즈로 찍기 시작해 렌즈 사양을 높여나가며 전문가의 길에 입문한다.

입수하여 찍는 수중 사진

카메라 방수 하우징을 이용해 서퍼들 가까이에서 사진을 찍는다. 사진작가가 스윔 핀을 착용하고 원하는 위치에 빠르게 자리하는 것이 관건인데, 그러기 위해서는 파도가 어떤 모양으로 변할지, 서퍼가 어떤 길로 이동할지 반드시 예측할 수 있어야 하므로 많은 연습이 필요하다.

배럴 안에서 찍거나 퍼포먼스 동작을 가까이서 찍을 때는 14mm, 15mm, 16mm 어안 렌즈를 많이 사용한다. 초광각으로 찍을 수 있어 불과 몇 cm 거리에 있는 서퍼의 모습도 담아낸다. 이런 사진에서는 사진을 보는 사람이 액션의 중심에 있는 듯한 박진감을 느낄 수 있다. 해수면 밑에서 수중 신을 촬영할 때도 어안 렌즈를 자주 이용한다. 물속에 번지는 보기 드문 빛과 마법 같은 수중 분위기가 서퍼와 어울려 환상적인 느낌을 낸다.

이동수단을 이용해 찍는 사진

보트, 카누, 제트스키 등의 이동수단을 이용한 촬영도 보편적이다. 주로 70-200mm/f2.8 또는 300mm/f2.8 렌즈를 사용하고 카메라의 안전을 위해 방수 케이스를 쓴다. 격한 파도 등 험한 바다를 촬영할 때는 헬리콥터도 종종 이용된다. 고도가 높아 파도가 평평하게 보이는 경향이 있지만 거대한 자연 속 서퍼의 모습을 담기에는 효과적이다. 요즘은 드론을 띄워 쉽게 항공샷을 얻을 수 있다. 비교적 서퍼와 파도에 근접해 촬영할 수 있을 뿐만 아니라 스마트폰을 통해 생중계할 수도 있다.

사진작가 팀 맥케나

세계적으로 저명한 스포츠&여행 사진작가 중 한 명인 팀 맥케나는 가장 극적인 스포츠의 순간과 순수한 자연의 아름다움을 사진에 담아 보여줌으로써 세상을 감동시킨다. 호주에서 태어나 프랑스에서 자랐고 지금은 아름다운 자연경관과 풍요로운 문화, 매력적인 사람들과 완벽한 파도에 반해 타히티 섬에 머물고 있다. 20여 년간 지구 곳곳을 여행하며, 때로는 알려지지 않은 새로운 지역을 탐험하며 남들은 흉내 낼 수 없는 시적 감각이 담긴 독창적인 작품을 만들어내고 있다.

www.timmckennaphoto.com

'멘붕' 탈출
지금 필요한 건 뭐?

뛰어난 스포츠 선수들이 대중의 사랑을 받는 이유는 훌륭한 퍼포먼스를 보여주기 때문이기도 하지만, 불가능할 것 같은 상황 속에서도 흔들림 없이 최선을 다하는 열정과 투지를 보여주기 때문일 것이다. 그런 정신력은 도대체 어디서 나올까?

출판사와 약속한 마감일을 딱 한 달 남겨두었던 날, 괜한 불안함과 산만함이 마음속에서 시도 때도 없이 불쑥불쑥 요동을 쳤다. 남은 기간 동안 차근차근 하면 충분히 될 것 같은데, 글을 쓰기 전 내 마음을 안정시키는 데에 점점 많은 시간이 들어가니, 이런 시간과 감정의 불필요한 낭비를 간절히 멈추고 싶었다.

사실 마감시간에 쫓기며 산 것이 하루 이틀 일도 아닌데 새삼 또……. 학교 과제물이나 업무상 보고서를 만들 때도 평소에는 자료조사와 구상만 해두고 마감시간 코앞에서 고도의 집중력을 발휘해 나름 성공적으로 제출해 왔다고 생각하기에(자랑이다!), 이제는 이런 상황은 무덤덤하게 넘겨도 될 것 같다고 머리로는 생각하지만 이성이 마음을 제대로 통제하지 못했다.

마음의 불안함은 근육의 미세한 떨림 같은 신체증상으로도 나타났다. 그

느낌이 낯설지는 않았다. 토익시험을 볼 때마다 마지막 10분 정도 남겨둔 상태에서 그런 느낌을 받았고, 어려서 스노보드 대회에 나갔을 때도 그랬으니까. 내 최고의 기량을 보여주는 건 고사하고 남은 문제는 대충 찍거나, 대회에 참가했다는 것으로 대략 만족할 수밖에.

유난히 바쁜 하루를 보내고 맞이한 어느 금요일 저녁. 주말에 아름다운 파도가 들어올 거라고 차트가 말해주고 있어 다들 오늘 밤 아니면 내일 아침에는 바다로 떠날 것 같고, 회사 동료는 친구들과 맛있는 거 먹으러 간다며 가벼운 발걸음으로 나갔으니 즐거운 시간 보내고 있을 것 같은데, 나는 컴퓨터 앞에서 글 진도를 전혀 나가지 못한 채 진정되지 않는 마음 다스리기에만 시간을 쓰고 있자니 한심하기 짝이 없었다. 급기야는 괜스레 회사 동료에게 "맛있게 싹싹 다 먹었니? 그거 다 네 똥배로 갈 거야~"라며 실없는 문자나 날리며 두어 시간을 그냥 버리고 있었다. 마음이 안정되기는커녕 세상 모든 것이 낯설게 느껴지며 소위 멘붕 상태에 다다르는 것 같았다.

강심장 '빅 웨이브 서퍼'

그래서 오늘 하루는 모든 일을 접고 인터넷 서핑이나 해보자며 구글에서 검색해본 키워드는 'big wave surfing'. 빅 웨이브 서핑은 20′~50′ 가량의 집채만 한 파도가 머리 위로 쏟아져 내릴 듯한 아찔한 상황에서 빠른 속도로 파도의 벽을 타고 내려올 수 있는 강인한 체력과 정신력이 요구되는 서핑의 한 분야다. 쉽게 말해 '야, 저들도 사람이냐?' 생각을 안 할 수 없게 만든다.

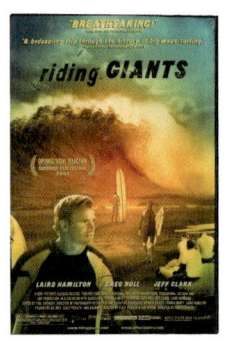

검색 결과 중 동영상 하나를 클릭했는데, 5분여 동안 빅 웨이브 서핑 장면을 보는 것만으로도 온 몸이 긴장돼 힘이 빠지는 듯했다. 대폭설이 내린 히말라야 산맥의 눈사태 장면을 연상시키는 파도가 지진 또는 천둥번개 소리를 동반해 몰아치는데, 수면에 떨어진 파도에 묻혔나 싶던 서퍼는 기어코 물보라를 뚫고 빠져 나온다. 아, 그러고 보니 이 서퍼는 빅 웨이브 서퍼로 유명한, 토-인 서핑을 동료와 공동 발명했다는 레어드 해밀턴(Laird Hamilton)이 아닌가!

언젠가 여러 개의 서핑 DVD를 한꺼번에 주문할 때 사두었던 빅 웨이브 서핑 다큐멘터리 〈라이딩 자이언츠〉(riding GIANTS, 2004년)가 생각났고, 떨리는 마음으로 플레이 버튼을 눌렀다.

거대한 파도가 생성되는 서핑 스팟인 와이메아 베이(Waimea Bay, 하와이 오하우섬), 매버릭스(Mavericks, 캘리포니아), 조스(Jaws, 하와이 마우이섬), 초푸(Teahupo'o, 타히티) 등의 대자연 속에서 서핑을 하며 경험해온 설렘과 도전, 상실과 감사에 대한 인간적인 이야기들이 잘 담겨 있는 다큐멘터리다. 난 안전

제일주의자인 터라 그런 큰 파도가 치는 바다에는 발가락조차 담가 볼 생각 없지만, 경이로운 자연에 도전해 새로운 자아를 만나가는 서퍼들의 도전 의식과 담대함은 무척이나 부러웠다.

그렇게 극도로 오싹하고, 또 뭉클한 마음으로 DVD를 보고는 깔끔하게 잠을 청했다. 그리고 다음날 아침에는 괜한 불안과 긴장은 내 것이 아니라는 듯 정상 컨디션으로 돌아왔다. 멘붕 탈출 석세스.

멘탈 트레이닝

흔히 빅 웨이브 서핑에서 침착함을 잃는 것은 곧 죽음을 의미한다고 한다. 파도가 융단폭격 하듯 머리 위로 떨어지는 상황에서도 최대한 심리적 안정을 유지하도록 노력해야 한다는 것인데, 이런 강심장이 되기란 선천적 대범함과 느긋함만 가지고는 불가능한 것 같다. 그래서 육체적 트레이닝만큼이나 강조되는 것이 멘탈 트레이닝이다.

멘탈 트레이닝을 위해 주로 이용하는 방법은 '이미지 트레이닝'과 '자기암시'다. 이미지 트레이닝은 머릿속에 실제 상황을 떠올려 놓고 자신의 플레이를 그려보는 상상 훈련으로, 실제로 유사한 상황에 맞닥뜨렸을 때 당황하지 않고 안정적으로 계획했던 플레이를 하게 해준다. 그래서 많은 서핑 선수들은 서핑 영화나 훈련 영상 등을 보며 이미지 트레이닝의 시간을 갖는다고 한다.

자기암시는 자신이 희망하는 목표를 구체적으로 그리고 긍정의 말로 이룰 수 있다고 스스로 최면을 거는 것으로, 신념이 태도에 반영된다고 믿는 것이다. 맨체스터 유나이티드 박지성 선수도 경기장에 나설 때마다 '내가 오늘의 최고 선수'라는 믿음이 설 때까지 마음속으로 자기암시를 했다는 것은 유명한 이야기다. 부정적인 생각을 버리고 스스로에게 자신감을 불어넣는 말이다.

이러한 훈련은 비단 프로 서퍼를 비롯한 스포츠 선수들에게만 필요한 일은 아닌 것 같다. 늘 반복되는 자잘한 일들에 좌절하는 일상과 불평해도 바뀌지 않는 현실에서 벗어나기 위해서 나에게 필요한 것도 멘탈 트레이닝이 아닐지. 되돌아보면 멘탈 트레이닝을 위해 구체적으로 시간을 할애해본 적이 없다. 그냥 일상 속에 상처 받고 위로도 받으며 굳은살이 자라 정신력이 튼튼해지기를 바랐던 건데, 그게 부족하다면 나도 이미지 트레이닝이나 자기암시 훈련을 고려해보고 싶다. 프로 서퍼들처럼 경기에서 자기 기량의 120%를 보여주기 위한 것이 아닌, 내가 가진 100%라도 제대로 해내고 살면서 자신에 대해 부정하지 않고 내면의 평화를 누리기 위해 마음의 습관 들이기. 결국 나를 지키고 내 문제를 해결할 사람은 나니까.

어느 서핑 시합에선가 선수가 큰 파도에서 점프를 한 후 거품 파도 위로 착지해 잠시 모습을 보이지 않아 모두가 제대로 착지하지 못하고 와이프 아웃됐을 거라고 생각하는 순간, 기적같이 일어나 파도를 타고 나오자 해설자가 믿을 수 없다는 듯 "저건 정신력입니다(That's MENTAL)!"라고 외치는 것을 들은 적이 있다. 그런 경이로운 순간이 내 인생에도 한 번쯤은 일어날 수 있으면 좋겠다.

자신의 능력을 믿자. 나는 스스로를 인정하는 데에 너무 인색한 면이 있다. 자신감을 방해하는 불신이여 가라. 집중력을 방해하는 잡초 같은 잡념이여 사라져라.

타히티 초푸에서 서퍼 레어드 해밀턴 ©Tim Mckenna

내 안에 있는 나를 믿자

스페인 웨이브 가든(인공 서핑장)에서 서퍼 루벤 아시

서핑 스팟, 어디까지 가봤니?

파도가 부서지는 곳이면 어디든!

파도에 대한 서퍼들의 열정은 대단하다. 서핑을 할 수 있는 해변, 즉 서핑 스팟은 그런 열정에서 발굴되고 공유된다. 전 세계 유명 서핑 스팟의 정보를 소개하고 있는 외국 사이트들(www.wannasurf.com, www.surfline.com, www.globalsurfers.com, www.surfing-waves.com 등)을 보면 위치, 날씨, 파도 성향, 위험 요소, 붐비는 정도, 교통편 등의 정보와 사진 혹은 동영상까지 세세히 올라 있어 새삼 이런 정보를 제공하는 서퍼들이 참 부지런하다는 생각이 든다.

'서핑'하면 떠오르는 호주, 캘리포니아, 하와이, 발리 등지뿐만 아니라 멕시코, 브라질, 스페인, 남아프리카공화국 그리고 여행 가볼 생각조차 한번 못 해본 중앙아메리카 엘살바도르(El Salvador)나 니카라과(Nicaragua) 등의 서핑 스팟 사진을 볼 때면 '언젠가'는 꼭 한번 또는 또 다시 가보고 싶어진다. 비교적 가까운 거리의 일본과 필리핀, 대만 등은 '조만간' 가보자며 달력을 들여

일본 오키나와 ⓒDanny Melhado

다보기도 하고. 새로운 파도에 대한 설렘과 약간의 두려움, 낯선 환경과 사람들에 대한 호기심이 도전을 부추긴다. 그리고 늘 그랬듯이 도전이 끝나면 삶에 대한 감사를 안고 돌아올 것이다.

우리나라에도 곳곳에 서핑 스팟이 있다. 대부분 태평양 등 큰 바다와 직접적으로 접하고 있지 않아 1년 내내 좋은 파도가 들어오는 것은 아니지만 계절별로 달라지는 바람의 영향으로 지역마다 좋은 파도를 맞이하는 시기가 있다. 보통 남풍이 부는 여름에는 부산이나 제주도 남쪽 해안에, 북동풍이 부는 겨울에는 동해안이나 제주도 북쪽 해안에 좋은 파도가 들어온다.

예전에는 동해에서 양양의 동산항해수욕장, 죽도해수욕장, 기사문해수욕장 정도에만 서핑스쿨이 있어서 서퍼들이 이곳으로 많이 몰렸던 시절이 있었다. 하지만 지금은 파도가 있는 날이면 강원도 북쪽 고성군부터 속초시, 양양군, 강릉시, 동해시, 삼척시에 이르기까지 많은 해변에서 서퍼들을 쉽게 목격할 수 있을 정도로 서핑스쿨과 서핑인구가 늘었다. 겨울철 부산 해운대나 송정해수욕장에 파도가 없을 때는 그 시기에 좋은 파도가 들어오는 포항 신항만이나 칠포해수욕장 등으로 서퍼들이 몰린다. 여름철 제주도에서는 남쪽의 중문해수욕장이나 쇠소깍해변에서, 겨울철에는 북쪽의 월정해수욕장, 곽지해수욕장, 이호해수욕장 등에서 서핑을 즐기기 좋다. 서해는 조수간만의 차가 크고 물때가 매일 다르기 때문에 서핑하는 사람들이 별로 찾지 않을 것이라고 생각할 수도 있지만, 태안반도의 만리포해수욕장을 중심으로 활동

▲ 강원도 양양 인구해수욕장

▼ 태안반도 만리포해수욕장 ⓒ안치환

하는 로컬과 마니아들이 있다. 조수간만의 차에 따라 주의해야 할 점들이 있지만, DVD에서나 보았을 법한 그림 같이 깨끗한 만리포 파도의 맛을 본 서퍼들은 다시금 서해로 향한다.

한 해변에서도 포인트가 나뉜다. 중문해수욕장의 '듀크 포인트'라고 불리는 해녀의 집 앞쪽 바다는 리프가 많고 해변 쪽으로는 수심이 얕아 실력자만 갈 수 있는 곳이다. 그러나 중문해수욕장의 나머지 지역은 대부분 모랫바닥으로 되어 있어서 비교적 위험요소가 덜하다. 그러니 어딜 가든 새로운 해변에서는 로컬에게 문의하여 정보를 얻은 후 바다에 발을 담금이 안전하다.

사실 이렇게 말하면 어디서부터 시작해야 하는 건지 어려워 보일 수도 있다. 하지만 초보자의 경우는 보통 장비 대여와 강습을 제공하는 서핑스쿨이 있는 해변(292p 참조)에서부터 서핑을 하게 되기 때문에 나머지 것들은 차차 눈동냥 귀동냥으로 알아 가면 된다. 대략 익숙하다고 생각했던 대한민국이라는 나라에 대해 새롭게 눈을 뜨게 되는 계기가 될 수 있다. 정말 서핑 스팟을 기준으로 세계지리, 한국지리를 배운다면 머리에 쏙쏙 들어오는 재미있는 과목이 될 것 같다.

호기심과 모험심 많은 서퍼들이 서파리(surfari)라 불리는 로드 투어 형식의 여행을 통해 발굴한 이러한 서핑 스팟 정보들은 서핑 동호회 사이트 등을 통해 공유된다. 이외에도 한국에 좋은 파도가 들어오는 해변은 분명히 더 많다. 다만 아직 정보와 경험이 충분치 않아 세상에 알려지지 못하고 일종의 시크리트 스팟으로 남아있는 셈인데, 시간이 흘러 서핑 인구가 늘어나고 많은 시도들이 쌓이면 더 많은 서핑 스팟들이 부각될 것이다. 지금까지 그랬듯 선구자적 서퍼들이 차려 놓은 밥상에 숟가락 하나 얹는 꼴이 되겠지만 맛있게 잘 먹어주는 사람의 역할도 필요할 것이니, "저는 감사한 마음으로 맛있게 서핑할 것을 약속 드립니다!".

파도가 있다면 어디서든 서핑을 할 수 있다는 것을 알면서도, 바다가 아닌 또는 생각의 틀을 깨뜨리는 서핑 스팟을 볼 때면 인간의 모험심이나 도전의식은 어디까지일지 궁금해진다.

캐나다의 세인트 로렌스 강
ⓒHugo Lavictoire/ksf.ca

캐나다 퀘벡 몬트리올의 세인트 로렌스 강(St. Lawrence River)에는 강 서핑을 즐기려는 사람들이 줄을 잇는다. 해변으로 이동해 가며 부서지는 바다의 파도와 달리 한자리에서 생기는 파도를 탄다는 점이 바다 서핑과 다르지만, 날씨가 좋은 날이면 라인업이 꽉 차니 기량 향상을 꾀하는 서퍼들의 열정은 다르지 않다.

중국 항주 첸탄 강에서는 1년에 한번 해소(海嘯, tidal bore)라는 기이한 자연현상이 생기는데 이때 생기는 거대한 파도에서 일생일대의 서핑을 시도하는 프로 서퍼들이 있다. 해소는 조차가 큰 바다와 강이 만나는 곳에서 밀물 때 해수면이 하천의 수면보다 높아져서 바닷물이 하천을 빠르게 거슬러 올라가 생기는 현상으로, 이 장관을 구경하려는 관광객 수천 명 앞에서 서핑을 선보인다. 유속이 빨라 일반 서퍼들은 도전하기 위험하고 일부 프로 서퍼들이 정부의 허락과 협조 하에 서핑을 한다.

미국 텍사스 주 멕시코만 연안 갤버스턴 베이(Galveston Bay)에서는 대형 선박(tanker)이 만들어내는 물살에서 서핑을 한다. 보트를 타고 나가 파도가 생기는 곳에서부터 서핑을 시작해 서 있을 수 있는 힘이 남아 있을 때까지, 지금껏 경험해보지 못한 가장 긴 라이딩을 할 수 있다. 이뿐만 아니라 요즘은 완벽한 파도를 만들어내는 인공 서핑장도 세계 곳곳에 생기고 있어, 파도의 가뭄에 시달리는 사람들이나 안전한 환경에서 연습하길 원하는 사람들의 갈증을 풀어주고 있다.

우연히 알래스카에서 서핑한 후 얼음 위에서 휴식을 취하는 서퍼의 사진을 보았다. 추위에 진저리치는 모습이 아닌, 그 어디서도 느낄 수 없는 지상 최대의 행복감을 엿볼 수 있었다. 지구상의 어느 장소가 되었든 파도만 있다면 이러한 행복감을 느낄 수 있는 것이 서핑의 진정한 매력이 아닐는지. 〈톰소여의 모험〉의 저자 마크 트웨인은 "앞으로 20년 후에 당신은 저지른 일보다는 저지르지 않은 일에 더 실망하게 될 것이다. 그러니 밧줄을 풀고 안전한 항구를 벗어나 항해를 떠나라. 돛에 무역풍을 가득 담고 탐험하고, 꿈꾸며, 발견하라"라는 말을 남겼다. 여러 서핑 스팟의 정보를 살펴보는 것으로 이미 무역풍을 맞을 준비는 마친 셈이다.

©Scott Dickerson

행복을 즐겨야 할 시간은 지금이고,
행복을 즐겨야 할 장소는 여기다.
- 로버트 인젠솔(Rober Green Ingersoll)

도저~언!
성취를 위한 조건. 큰 꿈과 용기

처음에는 서프보드에서 일어서지도 못해 무릎 꿇은 자세로 겨우 파도를 타는 황홀함을 맛봤고, 다음에는 일어서서 라이딩하는 기쁨을 느꼈으며, 직진으로만 가다가 사이드 라이딩을 하게 되며 점점 더 길게 타는 상쾌함을 느꼈다. 그리고 거친 파도에 밀려 넘어지며 좀 더 민첩하고 강인하게 서핑할 수 있게 되길 희망했다.

롱보드 노즈 끝에 온 몸의 무게를 싣고 열 발가락을 노즈 밖으로 내민 채 부드러운 파도에서 바다와 리듬을 공유하듯 라이딩하는 행 텐(hang ten) 자세의 서퍼를 보며 그런 순간을 나도 느껴보고 싶었고, 파도의 면을 타고 올라가 파도의 꼭대기에서 탑 턴(top turn)을 하며 시원하게 물보라를 뿌려주는 어린 여자 프로 서퍼의 사진을 보며 저런 사진 한 장 찍혀볼 수 있다면 내 마음 속 시기, 질투, 미움 같은 나쁜 감정은 다 씻어버릴 수 있을 것 같았다.

이런 성취가 쉽지 않다는 것은 누구보다 잘 안다. 얼마의 시간이 걸릴 것인지 계산도 할 수 없다. 뜻대로 서핑을 잘하지 못한 날은 괜한 꿈을 꿨다고 스스로를 타박할지도 모르지만, 그래도 그런 아름다운 장면을 보면 곧 다시 꿈꾸게 될 거다. 애당초 잘 탈 것을 기대하고 시작한 서핑이 아니기 때문에 계속되는 실패는 성공의 자양분으로 받아들이고 언제까지나 도전에 나설 거다.

코스타리카에서 서퍼 카리사 무어 ©Jason Kenworthy/Red Bull

인도네시아 멘타와이 제도에서 서퍼 믹 패닝 ©Agustin Munoz/Red Bull

영화 〈서핑 업〉의 펭귄들은 파도가 만들어 내는 배럴 속을 서핑하는 느낌을 이렇게 얘기한다.

"난 파도의 저 튜브 속이 세상에서 제일 좋더라. 승리보다 좋지. 저런 그림이 없어."

"배럴 라이딩은 서핑의 하이라이트인데요. 파도 속을 질주하다 밖으로 나올 때의 그 기분, 매일 매일 느끼고 싶어요."

"그건 정말 말로 표현할 수 없는 느낌인데요. 그 어디에도 비교할 수가 없어요. 뭐랄까 아주 희귀하고 신기한 경험이라고 할까요? 그래서 더욱더 특별한 거죠."

"그때를 떠올리면 기분이 너무나 좋아져요. 자꾸 기억하고 다시 한 번 느끼고 싶고. 중독성이 강해요."

경험해본 사람들은 모두 같은 얘기를 한다. 배럴 라이딩에 제대로 성공하지 못하더라도 파도 속에서 세상을 바라보았던 짧은 순간이 짜릿하고 황홀해 영원히 잊지 못할 것 같다고. 꿈을 크게 품어야 근처에라도 간다. 파도가 만들어 내는 배럴 속을 서핑하는 꿈을 꾸어야 배럴에 머리라도 들이밀어 보는 헤드 딥(head dip, 혹은 머리만 배럴 라이딩한다고 하여 줄여서 속어로 '머럴')이라도 하는 재미를 볼 수 있다.

서핑을 쉽다고 말하는 사람은 없다. 단 어렵고 힘들지만 재미있고 즐겁다고 말한다. 서핑에서 가장 큰 실수는 한 번 발을 들여 놓았다가 쉽게 포기하

프론트사이드 라이딩(frontside riding)

백사이드 라이딩(backside riding)

행 텐(hang ten)

행 힐즈(hang heels)

는 것이라고들 한다. 체력이 달리고 넘어지고 깨지는 약간의 고난(?)을 겪으면 진정한 맛을 느낄 수 있을 텐데, 그 과정을 견디지 못해 즐거움을 함께 나누지 못하는 데에 대한 안타까움의 표시이다.

자기계발서 〈성공의 법칙〉의 저자 맥스웰 몰츠(Maxwell Maltz)는 "극복할 장애와 성취할 목표가 없다면 우리는 인생에서 진정한 만족이나 행복을 찾을 수 없다"고 했다. 늘 똑같은 파도에서 똑같은 동작을 반복해야 하는 것이 서핑이라면 음악도 TV도 없이 헬스클럽 러닝머신 위를 달리는 듯한 느낌이 들 것이다. 그러나 시시각각 달라지는 파도에 적응하며 자연스럽게 다양한 기

컷 백(cut back) 키킹 아웃(kicking out)

플로팅(floating) 헤드 딥(head dip)

술에 도전하거나 실력 향상을 위해 노력해보고 싶게 만드는 것이 서핑이기에 만족이나 행복을 가까이서 느낄 수 있다. 꼭 잘 타서 만족하는 게 아니라 열심히 해보려고 노력하는 과정에서 얻게 되는 즐거움과 보람이 바로 만족과 행복 아닐는지.

　서핑에 완성은 없다. 도전할 것이 무궁무진하다. 낯설고 새로운 것은 늘 두려움의 대상이 되지만 두려움을 알되 겁내지 않는 자가 진짜 '용자'다. 이렇게 용기를 내게 만드는 이 어메이징한 서핑의 매력! 이쯤에서 한번 외쳐보고 싶다. 무한~도전!

내 인생의 레전드
여 성 서 퍼 린 다 벤 슨 그 리 고 …

서핑계에는 세계적으로 회자되는 전설적인 인물, 소위 레전드(legend)라고 불리는 사람들이 있다. 이들은 서핑 역사상 최초로 새로운 것을 시도했거나, 서핑 확산에 중추적 역할을 했거나 혹은 뛰어난 스포츠맨십을 보여 감동을 주는 등 다양한 이유에서 칭송을 받지만, 근본적으로는 서핑을 열정적으로 즐기고 자연을 사랑하고 서로를 포용하는 마음가짐, 순수함을 간직한 사람들이다.

누구로부터 존경받는 일도 좋지만 존경할 대상을 갖고 있다는 것도 참 감사한 일이다. 주변을 돌아보면 정말 존경하기 어려운 사람들이 많고 나 또한 부족하기 그지없으니 누군가를 닮고 싶다고 마음먹는 것만으로도 긍정적인 변화를 위한 한 걸음이 되지 않을까 싶다.

세계적으로 유명한 서퍼들이 좋아하는 음식을 소개한 〈서프 푸드〉(SURF FOOD)라는 책에서 고령의 여성 서퍼 이야기를 보게 되었다. 1944년생 미국 캘리포니아 출신 린다 벤슨(Linda Benson). 하와이 와이메아 베이의 빅 웨이브를 탄 최초의 여성 서퍼. 11살에 서핑을 시작해 1959년 하와이 마카하(Makaha)에서 열린 세계선수권 대회에 최연소의 나이로 참가해 우승을 거머쥔 것을 시작으로, 1960년대 미국선수권대회에서 총 다섯 번 우승한 것을 비롯해 20회 이상의 우승을 기록했고, 서핑 잡지 표지를 장식한 최초의 여성이다.

영화 〈티파니에서 아침을〉의 오드리 헵번처럼 귀엽고 매력적인, 160cm가 채 안 되는 작은 체구의 소녀가 대담하게 빅 웨이브에 뛰어들어 파도 타는 모습을 떠올려 보는 것만으로도 그녀를 우러러 보고 싶어졌다. 그러나 젊은 시절의 모습보다도 여전히 시간이 날 때면 서핑을 즐긴다는 글귀와 건강하게 나이든 할머니가 서핑하는 사진이 더욱 인상적이었다.

린다의 사진을 캘리포니아 서프 박물관 입구에서 다시 발견할 수 있었다. 그런데 박물관 직원으로부터 들은 린다의 이야기는 조금 뜻밖이었다. 큰 대회에서 우승도 수차례 거머쥐고, 한창 인기 고공행진을 하던 할리우드 영화에 대역으로도 출연하며 전업 여성 서퍼로 승승장구 탄탄대로의 길을 갔을 것이라고 생각했는데, 항공사 승무원으로 35년 이상 재직했단다. 퇴직 후에는 아이들을 위한 서핑스쿨을 운영하다가 최근에는 자그마한 사업을 시작했다고 했다. 주변에서 유혹도 많았을 텐데 승무원의 삶을 5년, 10년도 아닌 35년이나 해내다니 린다의 삶이 더욱 궁금해졌다.

2011년 캘리포니아에 갔을 때 만나보고 싶었지만 연말 휴가를 가신 듯 연락이 닿지 않았다. 그래서 서울에 돌아와 궁금한 점들을 적어 이메일을 보냈더니 친절하게도 금세 답장이 날아왔다.

린다는 13세 때부터 항공사 승무원이 되기를 무척이나 바랐던 터라 서퍼로서 최고의 기량을 보였음에도 불구하고 승무원으로서의 커리어를 택하는데에는 주저함이 없었다고 한다. 21세에 그렇게 희망하던 대로 승무원이 되었고, 운 좋게 1960년대부터 1980년대 중반까지 하와이로 비행할 때가 많아 승무원으로서 커리어를 지키며 대회에 출전할 수 있었다고 한다(천운이다!). 서울도 종종 들렀지만 서울에서는 서핑을 할 수 없으니 대신 쇼핑을 즐겼다는 이야기도 들려주었다.

오랜 세월 서핑계에서 존경을 받으며 여전히 적극적인 활동을 해오고 있는 저력이 무엇인지 물었다. 세상에는 볼만한 것도, 해볼 만한 일도 참 많고 가능한 한 많은 것을 경험해보는 것이 건강하게 삶을 영위하는 방법인 것 같아 그렇게 살고자 노력해왔다고 한다. 11살에 오빠 보드를 빌려 타며 서핑의 맛을 느꼈고, 발사나무로 만든 낡아빠진 20달러짜리 보드를 구입해 본격적으로 시작하게 된 서핑인데, 서핑이 주는 기쁨은 매순간 신비로울 정도로 황홀했고 그런 감정을 많은 사람들과 나누며 사는 것이 인생을 얼마나 풍요롭게 해주었는지 알기 때문에 지금도 여러 가지 일들에 참여하는 것이 즐겁기만 하다고 했다.

살아보니 세상에는 정말 경이로운 일이 많더라는 말에서 어린아이와 같이 반짝반짝 빛나는 호기심이 느껴졌다. "애야 정말 그렇단다" 하며 옆에서 얘기를 들려주는 친근한 선배 같았다.

2011년 겨울 린다는 '레일 그래버(Rail Grabber)'라는 제품을 선보였는데, 이

는 린다처럼 큰 보드를 들기에는 체구가 작아 힘
든 사람들을 위해 개발한, 편안하게 보드를 들
수 있도록 해주는 손잡이다. 2004년에 처음
디자인해 자신의 서핑스쿨 아이들과 주변 사
람들에게 써보게 했더니 반응이 좋았고, 그 후
세련된 디자인과 내구성 강한 재질로 제품을 업그
레이드해 새로이 발매하게 되었다고 했다. 집 옆의, 자신의 서프보드를 보관
하는 작은 헛간이 작업장인데, 이 제품이 서프보드를 제대로 들기 어려워 힘
들어 하는 사람들을 돕는다고 생각하면 그렇게 기쁠 수가 없고, 이를 통해 서
핑을 더욱 가까이 느끼게 되었으니 서퍼로서 더 바랄 것이 무엇이겠냐 싶기
도 하다고 했다. 수많은 우승 타이틀보다도 소박하고 성실하게 그리고 젊은
마음으로 오늘을 사는 모습 때문에 린다가 더욱 레전드로 인정받는 것이 아
닐까 싶다.

그렇게 '젊은 언니'로 내 맘속에 자리 잡았던 린다를 2015년 겨울 캘리포니
아의 도헤니 해변(Doheny State Beach)에서 우연히 만났다. 라인업을 향해 힘
차게 패들을 해오던 린다의 모습을 잊을 수 없다. 어깨에 문제가 생겨 수술을
받은 터라 수 개월 서핑을 쉬었다고 알고 있었는데, 그 바다의 어느 젊은이보
다도 신나게 패들을 했고 또 바쁘게 파도를 잡아탔으며 금세 라인업으로 돌
아와서는 주변 사람들과 웃으며 대화를 나눴다.

일흔을 넘긴 나이지만 현재에 안주하지 않고 새로운 일에 도전하고 즐거움
을 찾아나가는 모습에서 10대, 20대 때의 린다에 못지않은 젊음의 향기가 났
다. 피부는 어릴 때와 비교할 수 없이 쪼글쪼글해졌지만, 여러 행사장을 방
문해 알로하 셔츠에 꽃목걸이를 하고 많은 사람들과 환한 미소를 나누는 사

진들을 보면 지치지 않는 열정과 여유로움이 느껴진다. 더욱이 여전히 캘리포니아나 멕시코 어느 바다에서 서핑하는 사진이 서핑 블로그 등에 올라오는 것을 보며 나이에 상관없이 린다는 '청춘'이라는 생각이 들었다. 마치 사무엘 울만이 그녀를 보고 〈청춘〉이라는 시를 쓴 것 같다는 생각도 들었다.

린다를 보며 그녀처럼 60세가 되든 80세가 되든 청춘으로 살 수 있을 것 같은 용기를 얻었다. 오늘에 대한 불안 대신 오늘을 더욱 열심히 사는 것에 집중하고 쭉 서핑하면서! 이제 와서 내가 무슨 린다 같은 레전드가 될 것도 아니고, 마더 테레사 같이 평생 헌신하는 삶을 살 생각도 없으며, 유관순 열사처럼 나라를 위해 몸을 바칠 생각은 해본 적도 없고, 신사임당 같이 시대를 대표하는 여성상이 되어 후세의 지폐에 얼굴이 그려질 가능성도 마이너스 무한대다. 단지 세상이 알아주지 않더라도 먼 훗날 내 인생에 있어서만은 '너도 꽤 괜찮은 레전드'였다고 스스로를 조용히 인정할 수 있는 만족스러운 삶을 살고 싶을 뿐이다.

서핑은 멋진 스포츠로 다가와 인생을 가르쳐 주었다. 이것이 서핑이 내게 준 가장 큰 선물일 것이다.

"지금 붐비지 않는 바다의 매 순간을 즐겨라. 시간이 조금 걸릴 수는 있지만 언젠가는 분명 한국의 라인업도 붐비게 될 것이다. 모든 사람들에게는 경이로운 파도를 즐길 권리가 있다. 서핑은 어느 한 개인이 소유하는 선물 같은 것이 아니다. 과정을 즐기고 사랑해라. 그리고 파도를 공유해라."

이것이 린다가 서핑을 잘해보고 싶어 하는 한국인 초보 서퍼에게 전해준 조언이다. 알로하!

청춘이란 인생의 어떤 한 시기가 아니라

마음가짐을 뜻하나니

장밋빛 볼, 붉은 입술, 부드러운 무릎이 아니라

풍부한 상상력과 왕성한 감수성과 의지력

그리고 인생의 깊은 샘에서 솟아나는 신선함을 뜻하나니

청춘이란 두려움을 물리치는 용기,

안이함을 뿌리치는 모험심,

그 탁월한 정신력을 뜻하나니

때로는 스무 살 청년보다

예순 살 노인이 더 청춘일 수 있네

– 사무엘 울만의 시 〈청춘〉에서 –

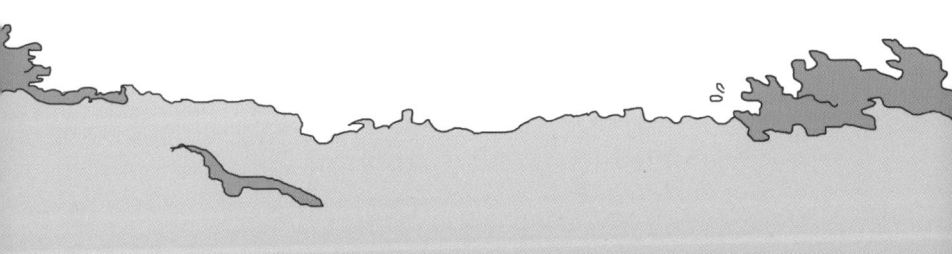
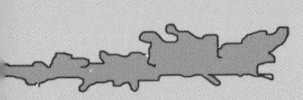

에필로그

서핑과 꼭 닮은 인생 그리고 지혜

그래서 서핑을 하니 마냥 즐거우냐고? 그럴 리가. 일요일 밤이면 언제나 새로운 한 주에 대한 부담감에 짓눌리고, 마땅히 즐길 만한 파도가 들어오지 않을 때는 메마른 사막을 걷듯 적적하고, 인간관계에서 짜증나는 일을 겪으면 참을 수 없는 신경질에 괴롭다. 그러나 중요한 것은 일상의 작고 큰 고난을 이겨낼 잠재력이 내 안에 있다는 믿음이다.

인생은 서핑과 꼭 닮았다. 어떤 파도가 올지 모르고 아무리 연습해도 완성은 없다. 모르면 물어보고 넘어지면 일어나고 힘들면 쉬어가고, 그렇게 스스로를 다독이는 거다. 인간은 한없이 작고 연약한 존재라는 사실을 자연으로부터 배운다. 이걸 인정하는 동시에 마음은 한결 편해진다. 연약하기에 서로 돕고 위로하며 더욱 즐겁고 행복하고자 노력하는 거다. 힘들 때 누군가에게 도움을 청할 수 있는 용기는 세상에서 가장 싸고도 효과 높은 보험이다. 이런 용기가 내게 있어서 안심이다. 누군가를 조금이나마 도울 수 있다면 그 또한 기쁨일 것이다. 많은 로컬 서퍼들이 초보 서퍼를 위해 기꺼이 도움을 주었던 것처럼, 나도 내가 가진 것을 나누며 살고 싶다.

서핑을 하게 되어 참 다행이다. 삶을 풍요롭게 해주는 지혜를 이렇게나 재미있게 배우다니. 그러나 그게 꼭 서핑이어야 한다고 말하려는 것은 아니다. 서핑이든 등산이든 락음악이든 각자의 인생에서 마음 두근거리게 해 주는 것들을 잘 발견하고 즐기며 살면 좋겠다. 파도가 없다고 불평하기보다는 곧 좋은 파도가 올 거라 기대하며, 긍정적인 마음으로 내일을 계획하며 오늘을 살고 싶다.

10년 이상 홍보 일을 해오면서 언제부터인가 내 책을 써보고 싶었다. 그러나 책의 소재가 홍보가 아닌 서핑이 될 줄은 몰랐다. 고작 3년차 서퍼의 짧은 경험이지만, 서핑을 하며 느꼈던 즐거움과 감사함을 다른 사람들도 느껴 보길 바랐다. 서핑에 관심 있는 분들께는 정보를, 서퍼들에게는 추억을, 그리고 삶에 지친 분들께는 조그마한 위안이라도 드릴 수 있는 책이 되기를 희망한다.

서핑에 입문하려는 분들께 다시 한 번 강조하고 싶은 것은 안전이다. 아무리 글로 강조해도 충분할 수 없다. 항상 파도 상황을 살피고, 모르는 것은 로컬에게 확인하는 것이 안전하고 즐겁게 서핑할 수 있는 방법이다. 또한 이 책에 미처 담지 못한 서핑의 다른 매력도 직접 발견해나갈 수 있기를 바란다.

출판사 관계자 분들, 그리고 바쁜 가운데도 적극적으로 자문해준 김병성, 서장현, 조윤현 서퍼 선배님들, 소중한 추천사를 보내주신 존경하는 인생 선배님들, 경험담을 들려주고 사진의 사용을 허락해준 국내외 서퍼들에게 머리 숙여 감사드린다. 또한 도대체 무슨 내용의 책을 쓴다는 건지 궁금해 하면서도 묵묵히 응원해준 가족, 친지, 친구, 동료 여러분들께도 감사의 인사를 전한다.

부록

꼼꼼히 챙기자 — 서핑 준비물

서프보드, 리시, 핀, 핀 키, 서프 왁스, 왁스 콤, 방수 테이프

비키니, 보드 쇼츠, 래시 가드, 웨트수트, 쪼리, 자외선 차단제, 선글라스, 모자

샤워용품, 타올, 옷가지, 젖은 옷 담을 비닐백

응급처치용품(반창고, 상처치료제 등)

여분의 리시, 핀, 머리 끈

(겨울철) 후드, 글로브, 부츠, 따뜻한 음료수, 따뜻한 옷

그리고 "알로하 정신!"

서핑을 배우려면 — 국내 주요 서핑스쿨 및 동호회

초보자 강습 경험이 많은 경력 있는 강사로부터 배우는 것이 좋다. 서핑협회와 주요 동호회 사이트를 찾아보면 서핑스쿨 및 서핑입문에 대한 많은 정보를 얻을 수 있다.

대한서핑협회 www.ksasurf.org

한국서핑협회 www.surfingkorea.org

서프엑스 http://cafe.naver.com/surfx

포항서프클럽 http://cafe.naver.com/phsurfclub

부산파도타기모임 http://cafe.naver.com/padotakiclub

전 세계 서핑 소식 여기에 　국내외 주요 서핑 잡지

서퍼(Surfer) 1960년 창간, 미국, www.surfermag.com
서핑 월드(Surfing World) 1962년, 호주, www.surfingworld.com.au
서핑 매거진(Surfing Magazine) 1964년, 미국, www.surfingthemag.com
트랙스(Tracks Magazine) 1970년, 호주, www.tracksmag.com.au
지그재그(Zigzag) 1976년, 남아프리카공화국, www.zigzag.co.za
서핑 라이프(Surfing Life) 1985년, 호주, www.surfinglife.com.au
카브 서핑 매거진(Carve Surfing Magazine) 1994년, 영국, www.carvemag.com
NSM(Nordic Surfers Magazine) 2008년, 스웨덴, www.nordicsurfersmag.se
SUP(Standup Paddle Magazine) 2009년, 미국, www.supthemag.com
더 리얼 매거진(The Reeal Magazine) 2014년, 한국, www.thereealmag.com
WSB FARM Surf Magazine 2016년, 한국, www.wsbfarm-mag.com
스톤드 매거진(Stoned Magazine) 2016년, 한국, www.stoned.kr

서핑의 역사를 만나려면 　국내외 주요 서프 박물관

캘리포니아 서프 박물관(California Surf Museum) 미국 캘리포니아 오션사이드, www.surfmuseum.org
국제 서핑 박물관(International Surfing Museum) 미국 캘리포니아 헌팅턴 비치, www.surfingmuseum.org
서핑 헤리티지 앤 컬쳐 센터(Surfing Heritage & Culture Center)
미국 캘리포니아 샌클레멘티, www.surfingheritage.org
산타크루스 서핑 박물관(Santa Cruz Surfing Museum)
미국 캘리포니아 산타크루스, www.santacruzsurfingmuseum.org
플로리다 서프 박물관(Florida Surf Museum)
미국 플로리다 코코아 비치, www.floridasurfmuseum.org
호주 서핑 박물관(Australian National Surfing Museum)
호주 빅토리아 토키(Victoria, Torquay), www.surfworld.org.au
영국 서핑 박물관(Museum of British Surfing)
영국 노스 데본 브라운톤(North Devon, Braunton), www.museumofbritishsurfing.org.uk
양양 서핑 역사관, 강원도 양양 죽도해변

파도 정보 보기
파도 차트 및 웹캠 등

파도 정보를 제공하는 사이트를 통해 서핑할 만한 파도가 언제 올지 예측해 볼 수 있다. 가고자 하는 서핑 스팟 또는 그와 가장 가까운 지역의 정보를 확인해 보면 되는데, 파도의 높이가 높더라도 바람의 방향과 속도, 파도의 주기(period) 등에 따라 파도의 상태가 달라지므로 여러 가지를 고려해 봐야 한다. 1m 내외 높이의 파도가 6초 이상의 간격으로 들어오면서 오프쇼어일 때라면 어느 정도 탈만한 파도가 생긴다고 예측할 수 있다. 하지만 차트는 어디까지나 예상치를 보여주기 때문에 실제와 다를 수 있다. 초보자는 경험 많은 서퍼들의 감각을 믿고 따르는 것이 안전하다.

일본 국제기상해양주식회사 사이트 www.imocwx.com/cwm.htm
날짜와 시간대별로 사흘치 파도의 높이(색깔)와 바람의 방향(화살표)을 알 수 있다. 일본(日本)을 클릭하면 동해 해변을, 남일본(南日本)을 클릭하면 남해와 제주 해변의 상태를 보기 좋다.

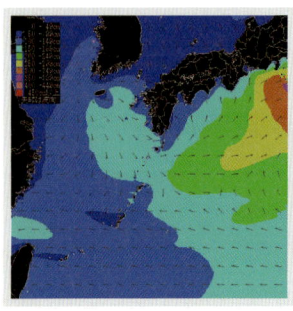 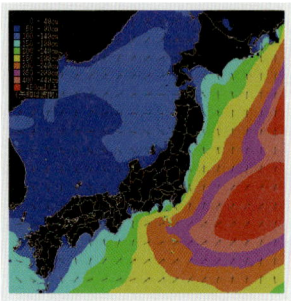

윈드 파인더 www.windfinder.com, **윈드구루** www.windguru.cz
윈드 파인더에서는 열흘치, 윈드구루에서는 일주일치 차트를 볼 수 있다. 풍향과 파도의 방향은 화살표로 표시되고, 파고와 바람의 세기는 숫자와 색깔로 표시된다. 파도의 주기 숫자는 3초, 5초 등 해당 초(second) 간격으로 파도가 들어온다는 것을 말한다.

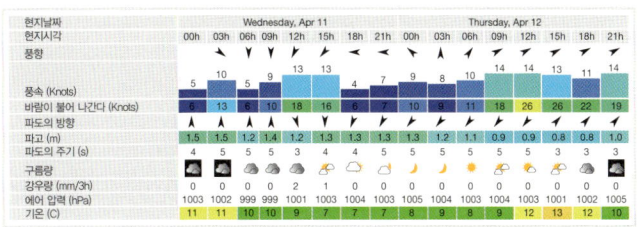

WSB 웹캠 www.wsbfarm-mag.com/surf-cams
전국 주요 서핑 스팟의 파도를 웹캠을 이용해 실시간으로 확인할 수 있다.

그 외에도 밀물과 썰물 때의 물 높이 차이(조수간만의 차)가 큰 해변에서 서핑을 하려면 **물때표**(바다타임 www.badatime.com)를 확인할 필요가 있다. 물이 일정량 이상 빠지면 조류가 세지고 해변 가까이에서 깨지는 파도가 생기기 쉬워 위험할 수 있다. 서해안은 조수간만의 차가 5m 이상, 남해안은 2m 내외, 동해안은 0.3m 내외다.

풍랑주의보나 풍랑경보 등의 기상특보(기상청 www.kma.go.kr '특보 · 예보')도 반드시 확인해야 한다. 풍랑주의보 발효 시에는 인근 해양경찰 출장소나 서핑스쿨에서 입수신고서를 쓰고 입수할 수 있지만 풍랑경보, 태풍주의보, 태풍경보 발효 시에는 입수가 금지된다. 또한 겨울철에는 **수온**(국립해양조사원 www.khoa.go.kr)을 확인해 추위에 적절히 대비하는 것이 좋다.

가나다 순으로 찾아보기

ㄱ

가슴 사이즈 파도 ······ 62, 64
강 서핑 ······ 269
거품 파도(white water) ······ 38
건 보드(gun board) ······ 71
고무 바구니 ······ 176
고프로(GoPro) ······ 132
구피 풋(goofy foot) ······ 23
국제 서핑 박물관
(International Surfing Museum) ······ 148, 293
국제서핑협회
(ISA, International Surfing Association) ······ 120
글라씨(glassy) ······ 63
글로컬라이제이션(Glocalization) ······ 93
기젯(Gidget) ······ 197
김창한 ······ 230
끼어들기(snake in) ······ 94

ㄴ

네오프렌(neoprene) ······ 58
노즈 가드(nose guard) ······ 85
노즈 드립(nose drip) ······ 86
노즈(nose) ······ 19

ㄷ

더블 오버헤드(double overhead) ······ 63

WSL 빅 웨이브상
(WSL Big Wave Awards) ······ 121
덕 다이브(duck dive) ······ 40, 41
데크 패드(deck pad) ······ 174
데크(deck) ······ 19
듀크 파오아 카하나모쿠
(Duke Paoa Kahanamoku) ······ 148, 196
드라이수트(drysuit) ······ 61
드롭 인(drop in) ······ 94
들어주기 ······ 41
딩 리페어 키트(ding repair kit) ······ 201, 204

ㄹ

라구나 비치(Laguna Beach) ······ 150
라이딩 자이언츠(riding GIANTS) ······ 260
라이트-핸더(right-hander) ······ 67
라인업(lineup) ······ 38
라 콘차(La Concha) ······ 235
래시 가드(rash guard) ······ 60
레귤러 풋(regular foot) ······ 23
레드불 나이트 라이더스
(Red Bull Night Riders) ······ 120
레어드 해밀턴(Laird Hamilton) ······ 260
레일(rail) ······ 19
레진(resin) ······ 165, 204
레프트-핸더(left-hander) ······ 67
로카 푸타(Roka Puta) ······ 237
로커(Rocker) ······ 72
로컬리즘(Localism) ······ 91
롱보드(longboard) ······ 69, 71
리사 앤더슨(Lisa Anderson) ······ 191

리시(leash) · 18, 23
리시 플러그(leash plug) · · · · · · · · · · · · · · · · · 19
리프 브레이크(reef break) · · · · · · · · · · · · · 55
린다 벤슨(Linda Benson) · · · · · · · · · · · · 279
립(lip) · 64, 67

ㅁ

마할로(mahalo) · 63
말리부(Malibu) · · · · · · · · · · · · · · · · 147, 184
머럴 · 276
메씨(messy) · 63
모노폴리 · 144
목욕탕 · 65
문다카(Mundaka) · · · · · · · · · · · · · · · · · · 237
물갈퀴 장갑(webbed glove) · · · · · · · · · · · 175
밀고가기 · 41

ㅂ

바구스(bagus) · 63
바디 보딩(body boarding) · · · · · · · · · · · · · 79
바디 서핑(body surfing) · · · · · · · · · · · · · · · 79
바텀(bottom) · 19
배럴(barrel) · 67, 275
백사이드 라이딩(backside riding) · · · · · · · 276
베서니 해밀턴(Bethany Hamilton)
· 128, 191, 195
베일 아웃(bail out) · · · · · · · · · · · · · · · · 40, 41
보드 쇼츠(board shorts) · · · · · · · · · · · · · · · 60
부산 국제서핑 페스티벌 · · · · · · · · · · · · · · · 113
부산광역시장배 국제서핑대회 · · · · · · · · · 113

브레이크(break) · 55
비아리츠(Biarritz) · · · · · · · · · · · · · · · · · · · 237
비치 브레이크(beach break) · · · · · · · · · · · · 55
비치 클린업(beach cleanup) · · · · · · · · · · · 106
빌 스튜어트(Bill Stewart) · · · · · · · · · · · · 165
빌라봉 양양 국제서핑 페스티벌 · · · · · · · · · 114

ㅅ

산세바스티안(San Sebastián) · · · · · · · · · · 233
산타모니카 비치(Santa Monica Beach) · · · 147
샌디에이고 오션사이드
(San Diego Oceanside) · · · · · · · · · · · · · · · 189
샌오노프리(San Onofre) · · · · · · · · · · · · · 157
샌클레멘티 비치
(San Clemente Beach) · · · · · · · · · · 150, 181
샤카 사인(Shaka Sign) · · · · · · · · · · · · · · · 93
서퍼스 나이트 · 115
서퍼스 이어 · 86
서프 시티(Surf City) · · · · · · · · · · · · · · · · 147
서프 시티 서프 도그 대회
(Surf City Surf Dog Competition) · · · · · · 121
서프 왁스 · 174
서프라이더 파운데이션
(Surfrider Foundation) · · · · · · · · · · · · · · · 103
서프보드 랙(surfboard rack) · · · · · · · · · · 177
서프보드 백(surfboard bag) · · · · · · · · · · · 176
서프보드 삭(surfboard sock) · · · · · · · · · · 176
서핑 에티켓 · 89
서핑용 모자 · 175
서핑용 시계 · 175
SUP 서핑(Stand Up Paddle surfing) · · · · · · 75

세계화(Globalization) · · · · · · · · · · · · · · 93
세탁기를 경험하다
(washing machine experience) · · · · · · · · · · 82
세트(set) · 67
섹스 왁스(Mr. Zog's Sex Wax) · · · · · · · · · 171
셀린 샤(Celine Chat) · · · · · · · · · · · · · · · 227
셰이퍼(shaper) · 165
소프트 서프보드(soft surfboard) · · · · · · · · · 70
솔라레즈(Solarez) · · · · · · · · · · · · · · · · · · 201
솔로샷(SOLOSHOT) · · · · · · · · · · · · · · · 135
쇼어 브레이크(shore break) · · · · · · · · · · · 55
쇼트보드(shortboard) · · · · · · · · · · · · · 69, 71
숄더(shoulder) · 67
스킴 보딩(skim boarding) · · · · · · · · · · · · 79
스탠드 업(stand up) · · · · · · · · · · · · · · · · · 20
스탠스(stance) · 23
스탠스 ISA 장애인서핑대회
(stance ISA World Adaptive Surfing
Championship) · · · · · · · · · · · · · · · · · · · 121
스테이시 퍼랠타(Stacy Peralta) · · · · · · · 128
스트링거(stringer) · · · · · · · · · · · · · · · · · · 19
스포츠 캠 · 131
시크리트 스팟(secret spot) · · · · · · · · · · · 115

ㅇ

아웃사이드(outside) · · · · · · · · · · · · · · · · · 67
아이쏘우(Isaw) · · · · · · · · · · · · · · · · · · · 134
알로하 정신 · 93
알로하(aloha) · · · · · · · · · · · · · · · · · · 63, 93
액션 캠 · 131
앤디 아이언스(Andy Irons) · · · · · · · · · · 191

에어(air) · 70
에이-프레임(A-frame) · · · · · · · · · · · · · · 67
SPF 지수 · 48
에폭시 레진(epoxy resin) · · · · · · · · · · · 204
오닐(O'Neill) · 59
오버헤드 · 64
오스고(Hossegor) · · · · · · · · · · · · · 227, 237
오프쇼어(offshore) · · · · · · · · · · · · · · 63, 67
온쇼어(onshore) · · · · · · · · · · · · · · · · · · · 67
와이프 아웃(wipe out) · · · · · · · · · · · · · · 83
왁스 케이스 · 174
우루메아(Urumea) 강 · · · · · · · · · · · · · · 237
웨트수트(wetsuit) · · · · · · · · · · · · · · · · · · 57
윈드서핑(windsurfing) · · · · · · · · · · · · · · 79
US 오픈 오브 서핑(US Open of Surfing) · 147
이안류(rip current) · · · · · · · · · · · · · · · · · 54
인도보드 · 242
인사이드(inside) · · · · · · · · · · · · · · · · · · · 67
인치(in) · 69
인터내셔널 서핑 데이 · · · · · · · · · · · · · 106
임팩트 존(impact zone) · · · · · · · · · · · · · 67
입수신고서 · 92

ㅈ

자동차 열쇠 보관함(car key box) · · · · · · 176
자석 옷걸이 고리 · · · · · · · · · · · · · · · · · 177
장판 · 65
제이 아담스(Jay Adams) · · · · · · · · · · · · 128
제임스 쿡(James Cook) · · · · · · · · · · · · · 196
제주중문비치 국제서핑대회 · · · · · · · · · 113
조류(current) · 54

주리올라(Zurriola) ········· 235
징카(Zinka) ············ 46
징크 옥사이드(Zinc Oxide) ······ 46
쪼리 ················ 175

ㅋ

카 시트 커버(car seat cover) ······ 177
카약 서핑(kayak surfing) ······· 79
카이트 서핑(kite surfing) ······· 79
캘리포니아 서프 박물관
(California Surf Museum) ····· 189, 293
컷 백(cut back) ············ 277
켈리 슬레이터(Kelly Slater) ····· 127, 129
퀴버(quiver) ············ 167
크리스 롭(Chris Robb) ········ 228
클로즈아웃(closeout) ·········· 67
클린(clean) ············· 63
키킹 아웃(kicking out) ········ 277

ㅌ

타올 판초 ············· 175
탑 턴(top turn) ··········· 272
터보 터널 핀(Turbo Tunnel Fin) ···· 73
터틀 롤(turtle roll) ········ 40, 41
테이크 오프(take off) ········· 20
테일 가드(tail guard) ········ 176
테일(tail) ············· 19
토니 알바(Tony Alva) ········ 128
토니 호크(Tony Hawk) ········ 128
토-인 서핑(tow-in surfing) ······ 79

트래블 노즈 가드(travel nose guard) ··· 176
트랙션 패드(traction pad) ······· 174
트레슬스(Trestles) ·········· 146
티스트리트(T-Street) ········· 146
티타늄 다이옥사이드(Titanium Dioxide) · 46
팀 멕케나(Tim Mckenna) ········ 257

ㅍ

파도 차트 ············ 122, 294
파도의 우선권(right of way) ······· 94
파이버글라스(fiberglass) ········ 165
패들 아웃(paddle out) ······· 93, 94
패들(paddle) ············ 18, 37
펀보드(funboard) ·········· 69, 71
펀치 스루(punch through) ······ 39, 41
페르난다 오코넬(Fernanda O'conell) ··· 224
페이스(face) ············ 64, 67
포인트 브레이크(point break) ······ 55
폴리스티렌 폼(polystyrene foam) ···· 204
폴리우레탄 폼(polyurethane foam) ···· 204
푸시 업(push up) ·········· 40, 41
프레셔 딩(pressure ding) ······· 201
프론트사이드 라이딩(frontside riding) ·· 276
플로팅(floating) ··········· 277
PA 지수 ·············· 48
피시 보드(fish board) ······· 69, 71
피트(ft) ·············· 69
핀 빵 ··············· 65
핀 키(fin key) ············ 174
핀(fin) ············· 19, 72
필링(peeling) ············ 67

299

ㅎ

하이드로포일 서핑(hydrofoil surfing) ······ 79
해소(海嘯, tidal bore) ·················· 269
행 텐(hang ten) ················· 272, 276
행 힐즈(hang heels) ····················· 276
헌팅턴 비치(Huntington Beach) ········· 146
헐리 서프 클럽(Hurley Surf Club) ······· 238
헤드 딥(head dip) ··············· 276, 277
현지화(Localization) ···················· 93
화이트 워터(white water) ············ 38, 67

ABC 순으로 찾아보기

A

A-frame ······································ 67
air ·· 70
aloha ···································· 63, 93
Andy Irons ································ 191

B

backside riding ························ 276
bagus ······································ 63
bail out ································ 40, 41
barrel ································ 67, 275
beach break ······························ 55
beach cleanup ··························· 106
Bethany Hamilton ······················ 128
Biarritz ··································· 237

Bill Stewart ······························ 165
board shorts ······························ 60
body boarding ··························· 79
body surfing ······························ 79
bottom ····································· 19
break ······································· 55

C

California Surf Museum ········ 189, 293
car seat cover ·························· 177
Celine Chat ····························· 227
Chris Robb ······························ 228
clean ······································· 63
closeout ··································· 67
current ···································· 54
cut back ·································· 277

D

deck pad ································ 174
deck ······································· 19
ding repair kit ·························· 201
double overhead ························ 63
drop in ··································· 94
drysuit ···································· 61
duck dive ···························· 40, 41
Duke Paoa Kahanamoku ····· 148, 196

E

epoxy resin ····························· 204

F

face	64, 67
Fernanda O'conell	224
fiberglass	165
fin key	174
fin	19, 72
fish board	69, 71
floating	277
frontside riding	276
funboard	69, 71

G

Gidget	197
glassy	63
Globalization	93
Glocalization	93
goofy foot	23
GoPro	132
gun board	71

H

hang heels	276
hang ten	272, 276
head dip	277
Hossegor	227, 237
Huntington Beach	146
hydrofoil surfing	79

I

impact zone	67
inside	67
International Surfing Museum	148, 293
ISA(International Surfing Association)	120

J

James Cook	196
Jay Adams	128

K

kayak surfing	79
kicking out	277
kite surfing	79

L

La Concha	235
Laguna Beach	150
Laird Hamilton	260
leash plug	19
leash	18
left-hander	67
Linda Benson	279
lineup	38
lip	64, 67
Lisa Anderson	191
localism	91

Localization 93
longboard 69, 71

M

mahalo 63
Malibu 147, 184
messy 63
Mundaka 237

N

neoprene 58
nose 19
nose drip 86
nose guard 85

O

offshore 63, 67
O'Neill 59
onshore 67
outside 67

P

PA 48
paddle out 93
paddle 18, 37
peeling 67
point break 55
polystyrene foam 204

polyurethane foam 204
pressure ding 201
punch through 39, 41
push up 39, 41

Q

quiver 167

R

rail 19
rash guard 60
Red Bull Night Riders 120
reef break 55
regular foot 23
resin 165
riding GIANTS 260
right of way 94
right-hander 67
rip current 54
rocker 72
Roka Puta 237

S

San Clemente Beach 150
San Diego Oceanside 189
San Onofre state Beach 157
San Sebastián 233
Santa Monica Beach 147
secret spot 115

set	67
Sex Wax	171
Shaka Sign	93
shaper	165
shore break	55
shortboard	69, 71
shoulder	67
skim boarding	79
snake in	94
SoCal	146
soft surfboard	70
Solarez	201
SPF	48
Stacy Peralta	128
stance	23
stand up	20
stringer	19
SUP(Stand Up Paddle surfing)	75
Surf City Surf Dog Competition	121
Surf City	147
surfboard bag	176
surfboard rack	177
surfboard sock	176
surfer's ear	86
Surfrider Foundation	103

T

tail guard	176
tail	19
take off	20
tidal bore	269
Titanium Dioxide	46
Tony Alva	128
Tony Hawk	128
top turn	272
tow-in surfing	79
traction pad	174
travel nose guard	176
Trestles	146
T-Street	146
Turbo Tunnel Fin	73
turtle roll	40, 41

U

Urumea	238
US Open of Surfing	148

W

washing machine experience	82
webbed glove	175
wetsuit	57
white water	38, 67
windsurfing	79
wipe out	83
WSL(World Surf League)	120
WSL Big Wave Awards	121

Z

Zinc Oxide	46
Zinka	46
Zurriola	235

두근두근
♥
Bravo your life!